酒店餐饮民宿经营与管理指南系列

经济型酒店怎样做

策划·运营·推广·管理

容莉 —— 编著

化学工业出版社

·北京·

《经济型酒店怎样做——策划·运营·推广·管理》一书,从策划、运营、推广、加盟的方方面面对经济型酒店进行了详细的解读。

◆ **经济型酒店策划**:经济型酒店认知、品牌策划、开业筹划、营销策划、活动策划。

◆ **经济型酒店运营**:前台管理、客房管理、工程管理、安全管理、员工培训管理。

◆ **经济型酒店推广**:自建网站推广、微信公众号推广、微博推广、OTA平台推广、抖音推广。

◆ **经济型酒店加盟**:特许经营加盟的认知、做好加盟准备、签订加盟合同、正式加盟进程、合同续约与终止。

本书图文并茂,穿插大量的实战案例,内容涵盖了经济型酒店运营的方方面面,实用性非常强。可供经济型酒店的管理者、从业人员,新入职的大中专学生,有志于从事经济型酒店管理的人士学习参考。

图书在版编目(CIP)数据

经济型酒店怎样做:策划·运营·推广·管理/容莉编著. —北京:化学工业出版社,2020.5
(酒店餐饮民宿经营与管理指南系列)
ISBN 978-7-122-36296-4

Ⅰ.①经⋯ Ⅱ.①容⋯ Ⅲ.①饭店-经营管理 Ⅳ.①F719.2

中国版本图书馆CIP数据核字(2020)第032654号

| 责任编辑:陈 蕾 | 装帧设计:尹琳琳 |
| 责任校对:王鹏飞 | |

出版发行:化学工业出版社(北京市东城区青年湖南街13号 邮政编码100011)
印　　装:三河市延风印装有限公司

787mm×1092mm　1/16　印张12¼　字数247千字　2020年6月北京第1版第1次印刷

购书咨询:010-64518888　　　　　　　　售后服务:010-64518899
网　　址:http://www.cip.com.cn

凡购买本书,如有缺损质量问题,本社销售中心负责调换。

定　价:68.00元　　　　　　　　　　　　　　　　　　　版权所有　违者必究

　　酒店作为可以满足人们旅行中"住"与"食"两点日常生活所需的场所，可以说是一个非常有投资价值的行业。经济型酒店是现代酒店业适应需求变化的产物，是相对于传统的全服务酒店而存在的一种新的酒店业态。

　　经济型酒店可以说是有限服务酒店的另外一个名字。有限服务酒店是和全服务酒店相对应的酒店类型，是指只提供B&B（Breakfast & Bed）服务的酒店，也就是只提供早餐和床服务。

　　随着国民经济的高速增长，公民可支配收入增加；双休日的实施及公共假期的调整，又为我国公民提供了更多的可支配时间，国内大规模的大众旅游开始形成。中国居民已进入大规模休闲度假旅游消费阶段，外出时更倾向于选择舒适度较高、物有所值的住宿设施，因此清洁、廉价、能够提供基本服务是目前这些游客对住宿设施的重要要求，而这些要求也正是经济型酒店的独特优势。经济型酒店相比已发展成熟的高档酒店，有着更多的商业机会。

　　经济型酒店是一种经营理念，而不是指低档酒店，中国不缺价格经济的酒店，缺的是达到真正经济型标准的酒店。目前我国有一些服务质量不高、卫生条件差、管理不规范的酒店，也打着"经济型酒店"的旗号，结果使得人们将经济型酒店与社会旅馆、招待所等同起来，让人们对经济型酒店产生了错误的认识。实质上经济型酒店是相对于高档酒店而言的，绝不是脏、乱、差的代名词。

　　那么如何打造高质量的、具有核心竞争力的经济型酒店，成了经济型酒店运营最重要的任务。而提高酒店管理水平，创新酒店管理模式，是酒店赢得竞争优势的基础。然而许多加入经济型酒店行列的创业者、经营者、管理者并不知道如何去实际运作。基于此，我们为了让更多的创业投资及经济型酒店的管理者、从业人员以及新入职的大中专学生，有志于从事经济型酒店管理的人士花最少的钱学习到最好的东西，特组织具有实际运营经验的一线管理者编写了《经济型酒店怎样做——策划·运营·推广·管理》一书。

　　《经济型酒店怎样做——策划·运营·推广·管理》一书分四章对于经济型酒

店从策划、运营、推广、加盟的方方面面进行了详细的解读。

◆ 经济型酒店策划：经济型酒店认知、品牌策划、开业筹划、营销策划、活动策划。

◆ 经济型酒店运营：前台管理、客房管理、工程管理、安全管理、员工培训管理。

◆ 经济型酒店推广：自建网站推广、微信公众号推广、微博推广、OTA平台推广、抖音推广。

◆ 经济型酒店加盟：特许经营加盟的认知、做好加盟准备、签订加盟合同、正式加盟进程、合同续约与终止。

本书图文并茂，穿插大量的实战案例，内容涵盖了经济型酒店运营的方方面面，实用性非常强。可供经济型酒店的管理者、从业人员以及新入职的大中专学生、有志于从事经济型酒店管理的人士学习参考。

由于笔者水平有限，加之时间仓促，书中疏漏之处在所难免，敬请读者批评指正。

本书还得到了深圳职业技术学院学术著作出版基金资助，在此深表感谢！

编著者

01

第一章 经济型酒店策划

酒店作为可以满足人们旅行中"住"与"食"两点日常生活所需的场所，可以说是一个非常有投资价值的行业。随着中国社会经济发展，与国际社会经济水平差距的缩短，经济型酒店相比已发展成熟、规范化的高档酒店，有着更多的商业机会。

第一节 经济型酒店认知	1
一、经济型酒店的概念	1
二、经济型酒店的特点	1
第二节 品牌策划	2
一、确立品牌定位	2
相关链接：经济型酒店细分市场	3
二、设计VI标识	4
相关链接：7天酒店VI形象升级	7
三、塑造品牌形象	8
四、优化品牌战略	10
五、实施品牌扩张	12
【范本】××连锁酒店品牌策划方案	13
第三节 开业筹划	16
一、选择经营场所	16
【范本】××酒店的选址标准	18
二、筹措投资资金	19
三、店面装潢装饰	19

四、工程验收与开荒清洁 ·· 20
五、配置客房设备用品 ··· 21
　　相关链接：客房设备用品的配置原则 ································ 22

第四节　营销策划 ·· 23
一、营销计划的制订 ·· 23
　　【范本】××连锁酒店营销计划 ·· 26
二、长住客人客房营销策划 ··· 29
三、商务客人客房营销策划 ··· 30
四、旅行社客人客房营销策划 ··· 31
五、散客客人客房营销策划 ··· 31

第五节　活动策划 ·· 33
一、开业庆典活动策划 ··· 33
　　【范本】××快捷酒店开业庆典策划方案 ···························· 34
二、周年庆典活动策划 ··· 36
　　【范本】××快捷酒店10周年庆典方案 ······························ 37
三、公益活动策划 ··· 39
四、节假日促销活动策划 ·· 40
　　【范本】××连锁酒店五一促销方案 ·································· 41
　　【范本】××连锁酒店端午节促销活动方案 ························· 42
　　【范本】××连锁酒店七夕节活动策划方案 ························· 43
　　【范本】××连锁酒店国庆节促销活动方案 ························· 46
五、企业文化活动策划 ··· 47
　　【范本】××快捷酒店员工春节联欢活动方案 ····················· 50

第二章　经济型酒店运营

目前来看，酒店竞争日渐激烈，同质化十分严重，因此如何进一步提高酒店的核心竞争力，就成了酒店运营最重要的任务。而提高酒店管理水平，创新酒店管理模式，是酒店赢得竞争优势的基础。

第一节　前台管理

一、客房状态的控制 53

二、客房销售 55

三、客账的处理 56

四、客史档案建立与管理 57

第二节　客房管理

一、保洁项目及周期的安排 59

　　【范本】某知名经济型酒店客房保洁服务标准 59

二、客房服务工作效率的管控 62

　　【范本】某知名经济型酒店客房服务标准 62

三、客房设备的管理 63

四、客房布件的控制 63

五、客用品的控制 65

第三节　工程管理

一、设备的使用管理 66

二、工程维护保养 67

三、加强能源管理 75

四、处理好与其他部门的关系 76

五、要确保安全管理 76

六、工具要管理好 77

七、设施设备的档案管理 77

第四节　安全管理

一、客人安全控制与管理 77

二、员工安全控制与管理 79

三、酒店财产安全控制与管理 81

四、消防安全计划与管理 82

五、紧急情况的应对与管理 84

第五节　员工培训管理

一、培训应遵循的原则 87

二、培训可采取的方法 88

三、培训要建立的体系 89
　　【范本】××连锁酒店培训课程及内容 90

第三章　经济型酒店推广

> 近年来，酒店网络推广越来越受人们重视。酒店网络推广的开展不仅可以减少销售环节，降低运营成本，提高工作效率，还能为顾客提供更低价、更优质的服务。为此，酒店业必须尽早认识并采取主动而有效的网络推广策略，来提升酒店的市场竞争力。

第一节　自建网站推广 95
一、自建网站的作用 95
二、网站栏目设计 96
　　【范本】××酒店网站建设方案书 96
三、网站建设的要点 99
四、酒店网站本地化技巧 101

第二节　微信公众号推广 102
一、微信公众号的创建 102
二、微信公众号的运营 104
三、微信公众号的推广策略 105
四、微信公众号的加粉技巧 107
五、微信公众号的图文推送 109

第三节　微博推广 112
一、微博推广的策略 112
二、微博推广的技巧 114
三、微博涨粉的技巧 116
四、植入广告式推广 118

第四节　OTA平台推广 118
一、OTA的概念 119
二、OTA模式下酒店的推广策略 119

三、OTA模式下酒店的推广方式··121
　　相关链接：怎样写一篇优质的游记···122
　　相关链接：酒店如何做直播···123
四、提高OTA排名的技巧··126
　　相关链接：提高OTA平台评分的技巧·····································130

第五节　抖音推广···132
一、短视频推广的优势··132
二、适合做抖音推广的酒店··134
三、短视频推广的策略··134
　　相关链接：酒店如何在抖音上推广···136
四、短视频推广的技巧··136
　　相关链接：抖音打造的网红酒店···138

04 第四章　经济型酒店加盟

> 经济型酒店多采取连锁加盟或特许经营的方式，树立了千店一面的标签，在这个信息时代，给了消费者以保险有保障的消费认知。经济型酒店的全国性发展战略所代表的品牌化和连锁化是必然的道路，也是降低成本、稳定质量和客源的客观需求。

第一节　特许经营加盟的认知···140
一、加盟的概念··140
二、加盟的形式··140
　　相关链接：《商业特许经营管理条例》节选·····························142
三、特许加盟提供的支持··142
　　相关链接：特许成功的要素···143
四、加盟商承担的责任··146

第二节　做好加盟准备···147
一、调整加盟心态··147

二、完善加盟条件 ·· 148
　　三、选择加盟品牌 ·· 150
　　　　相关链接：经济型酒店加盟品牌介绍 ·················· 153
第三节　签订加盟合同 ·· 169
　　一、特许合同的内容 ·· 169
　　二、签订特许合同的注意事项 ································· 171
　　　　【范本】××快捷酒店特许加盟合同 ···················· 174
第四节　正式加盟进程 ·· 180
　　一、门店装修 ··· 180
　　二、人员招聘 ··· 180
　　三、初期培训 ··· 180
　　四、日常经营 ··· 181
　　五、利用好特许商的支持 ·· 181
　　六、处理好与特许商的关系 ····································· 182
　　七、正确对待特许商的监管 ····································· 183
第五节　合同续约与终止 ··· 184
　　一、合同的展期与终止 ··· 184
　　二、合同终止的原因 ·· 185
　　三、中途解约 ··· 186

01

第一章
经济型酒店策划

导言

酒店作为可以满足人们旅行中"住"与"食"两点日常生活所需的场所，可以说是一个非常有投资价值的行业。随着中国社会经济发展，与国际社会经济水平差距的缩短，经济型酒店相比已发展成熟、规范化的高档酒店，有着更多的商业机会。

第一节 经济型酒店认知

经济型酒店是酒店业适应人们需求变化的产物，是相对于传统的全服务酒店（Full Service Hotel）而存在的一种新的酒店业态。

一、经济型酒店的概念

目前学术界对经济型酒店还没有形成一个公认的定义。此书所讲的经济型酒店是指将客户锁定在中小企业商务人士、休闲及自助游客人，房价适中的中小规模酒店。

小提示：

现代意义上的经济型酒店不是"便宜"两个字所能概括的，它的某些设施设备可能比星级酒店还要周全和完善。

二、经济型酒店的特点

经济型酒店作为一种新兴业态，是经济和社会生活发展的产物，它完全区别于面对社会上流阶层的全服务酒店，是满足一般平民旅行住宿需求的产品设施。其基本特点如图1-1所示。

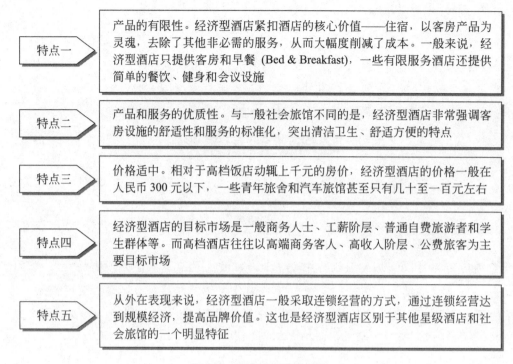

图1-1　经济型酒店的特点

第二节　品牌策划

对于经济型酒店来说,品牌建设是极为重要的一步,是其规模扩张的基础。成功的品牌建设可以在强大的品牌资产下,使得酒店内部的资源得以整合,建立起消费者的忠诚度,降低价格的弹性,在强烈的市场竞争中确保自己发展的地位。

一、确立品牌定位

品牌定位是酒店在市场定位和产品定位的基础上,对特定的品牌在文化取向及个性差异上的商业性决策,它是建立一个与目标市场有关的品牌形象的过程和结果。面对竞争日趋白热化的细分市场,精准的品牌定位成为至关重要的竞争策略。对于经济型酒店来说,可参考图1-2所示的步骤来做好品牌定位。

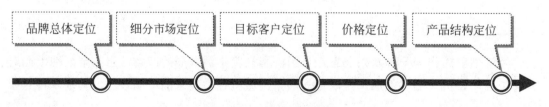

图1-2　品牌定位的步骤

1. 品牌总体定位

（1）通过解析酒店或品牌现状、产品优势和卖点，以明确服务需求及事项。

（2）通过行业数据报告、数据软件和市场调研等，分析市场环境、竞争对手情况。

（3）结合产品优势做出品牌的成长分析，提出品牌的线上运营策略及实施细节。

2. 细分市场定位

根据所经营的产品进行产品类目定位，通过对上述数据的分析梳理，找出空白细分市场，针对品牌故事、品牌调性、设计品牌logo等信息做出设计。

3. 目标客户定位

依据细分市场人群分析，找出精准的目标客户群体，通过对人群的分类圈出适合或潜在适合的消费群体，针对性制定产品规格、销售渠道、价格等，以适应目标客户的客户体验和兴趣偏好。

4. 价格定位

对现有市场相关的类目产品进行行情分析，划分价格区间。可分析不同价格区间竞争对手的定价策略，结合自身产品成本（产品端成本、运营成本、人员成本、平台固定成本）与卖点进行阶梯定价。

5. 产品结构定位

分析现有不同价格区间段的产品市场份额，分析自有产品和现有主流价格区间段的产品特征，瞄准市场需求，制定产品结构，进而制定不同的产品线产品系列及其对应卖点，综合设计产品结构。

 相关链接

经济型酒店细分市场

1. 经济型商务酒店

目前国内的经济型酒店主要都是以商务客人为目标市场。经济型商务酒店季节波动性较小，市场相对集中，消费时间稳定。本土的经济型酒店品牌，如汉庭快捷酒店、格林豪泰快捷酒店、7天连锁酒店等都针对这个市场，而且取得了较大的成功。

2. 经济型观光酒店

经济型观光酒店主要定位是观光人群，适合在一些经济发达城市和旅游发达地区发展。客人由探亲访友或旅游休闲产生的散客组成。

3. 汽车旅馆

汽车旅馆一般建在大中型城市的交通主干道两边，汽车站、火车站、机场、码头等交通枢纽附近以及城市边缘的交通便利之处。汽车旅馆的最大特色是有较大规模的停车场,方便自驾车的家庭游客和中小商务客人、消费水平一般的团队旅游者和自助旅游者入住。

4.青年旅舍

青年旅舍属于廉价酒店。青年旅舍是国际青年旅舍联盟专门针对低收入的青年和无收入的学生设立的一种特殊业态酒店,他们提供如学校宿舍般的住宿设施,一个房间有2～10张床,价格从几十到上百元不等。

5.延时居住型经济型酒店

延时居住型经济型酒店的消费者一般居住超过一周,适合商务常驻者、度假人士使用。国内这个市场主要被星级酒店或者以周或月计的公寓所占领。经济型酒店基本还未涉足这一领域。

二、设计VI标识

VI全称Visual Identity,即企业VI视觉设计,通译为视觉识别系统。它是以标志、标准字、标准色为核心展开的完整的、系统的视觉表达体系,将企业理念、企业文化、服务内容、企业规范等抽象概念转换为具体符号,塑造出独特的企业形象。设计到位、实施科学的视觉识别系统,是传播企业经营理念、建立企业知名度、塑造企业形象的快速便捷之途。

VI设计的基本要素系统严格规定了标志图形标识、中英文字体形、标准色彩、企业象征图案及其组合形式,从根本上规范了企业的视觉基本要素,基本要素系统是企业形象的核心部分,企业基本要素系统包括图1-3所示的内容。

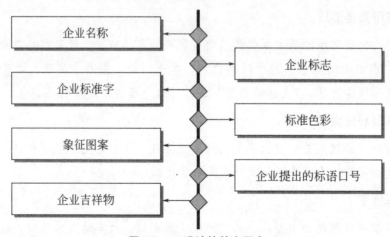

图1-3　VI设计的基本要素

1.企业名称

企业名称与企业形象有着紧密的联系，是CIS设计的前提条件，是采用文字来表现识别要素。企业名称的确定必须注意图1-4所示的事项。

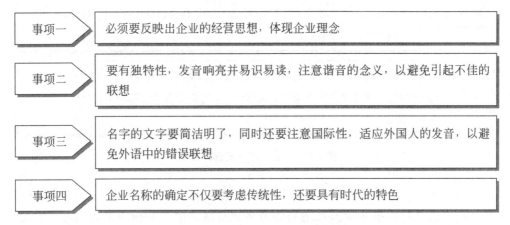

图1-4　确定企业名称的注意事项

2.企业标志

标志的设计不仅要具有强烈的视觉冲击力，而且要表达出独特的个性和时代感，必须广泛地适应各种媒体、各种材料及各种用品的制作，其表现形式可分为图1-5所示的三种。

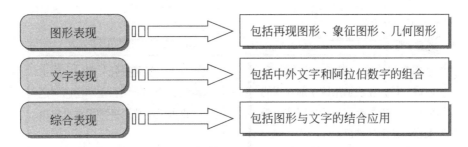

图1-5　企业标志的表现形式

企业标志要以固定不变的标准原型在CI设计形态中应用，开设时必须绘制出标准的比例图，并表达出标志的轮廓、线条、距离等精密的数值。其制图可采用方格标示法、比例标示法、多圆弧角度标示法，以便标志在放大或缩小时能精确地描绘和准确复制。

3.企业标准字

企业的标准字体包括中文、英文或其他文字字体，标准字体是根据企业名称、企业品牌名和企业地址等来进行设计的。其设计要求如图1-6所示。

要求一：标准字体的选用要有明确的说明性，直接传达企业、品牌的名称并强化企业形象和品牌诉求力

要求二：可根据使用方面的不同，采用企业的全称或简称来确定，字体的设计，要求字形正确、富于美感并易于识读，在字体的线条粗细处理和笔划结构上要尽量清晰简化和富有装饰感

要求三：在设计时要考虑字体与标志在组合时的协调统一，对字距和造型要作周密的规划，注意字体的系统性和延展性，以适应于各种媒体和不同材料的制作，适应于各种物品大小尺寸的应用

图1-6　企业标准字的设计要求

企业标准字体的笔画、结构和字形的设计也可体现企业精神、经营理念和产品特性，其标准制图方法是将标准字配置在适宜的方格或斜格之中，并标明字体的高、宽尺寸和角度等位置关系。

4. 标准色彩

企业标准色是企业的特定色彩，用以强化刺激，增强人们对企业的认识。色彩可以吸引人的注意，是不能放弃的重要手段。在通常情况下，标准色彩一般可分为图1-7所示的两类。

基本专用色彩：基本专用色彩一般由一两种色彩组成。是企业识别系统中最常用的色彩，在重要的信息传播媒体中都要指定使用这种色彩

附属专用色彩：附属专用色彩是衬托、呼应、丰富基本色彩的，可以和基本色同时运用，也可以单独在各种设计上应用

图1-7　标准色彩分类

5. 象征图案

企业象征图案是为了配合基本要素在各种媒体上广泛应用而设计的，在内涵上要体现企业精神，起到衬托和强化企业形象的作用。通过象征图案的丰富造型，来补充标志符号建立的企业形象，使其意义更完整、更易识别、更具表现的幅度与深度。

象征图案在表现形式上采用简单抽象的设计并且与标志图形既有对比又保持协调的关系，也可由标志或组成标志的造型内涵来进行设计。

在与基本要素组合使用时,要有强弱变化的律动感和明确的主次关系,并根据不同媒体的需求做各种展开应用的规划组合设计,以保证企业识别的统一性和规范性,强化整个系统的视觉冲击力,产生出视觉的诱导效果。

6. 企业提出的标语口号

企业提出的标语口号是企业理念的概括,是企业根据自身的营销活动或理念而研究出来的一种文字宣传标语。企业标语口号的确定要求如图1-8所示。

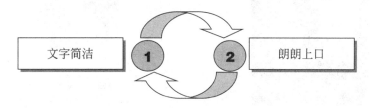

图1-8　企业标语口号的确定要求

准确而响亮的企业标语口号对企业内部能激发出职员为企业目标而努力,对外则能表达出企业发展的目标和方向,提高企业在公众心里的印象,其主要作用是对企业形象和企业产品形象的补充,以达到使社会大众在瞬间的视听中了解企业思想,并留下对企业或产品难以忘却的印象。

7. 企业吉祥物

企业吉祥物是指企业为强化自身的经营理念,在市场竞争中建立良好的识别形象,突出产品的个性特征而选择有亲和力的、具备特殊精神内涵的事物,以富于拟人化的象征手法且夸张的表现形式来吸引消费者注意、塑造企业形象的一种具象化图形的造型符号。

7天酒店VI形象升级

7天连锁酒店集团成立于2005年,以年轻群体及保持年轻心态的人群为核心消费群,主张选择年轻的生活方式,以聆听者、践行者和梦想家为价值承诺,专注于对旅居空间"年轻"属性的创新和开发。青春活力的设计风格、自由表达的公共空间、新鲜趣味的快乐时光、对简约品质的不懈追求和至真至YOUNG的真性情全力缔造卓越独特的"年轻"体验。

7天认为,"能住"是消费者的基本需求,"好住"和"喜欢住"才是好酒店的标准,全新升级的7天酒店要满足消费者对"好住"的品质期望,甚至于产生让消费者"喜欢住"的情感归属和独特体验。

2016年，7天从品牌标识、产品服务、VI形象进行了全面升级，以满足当代消费者日益注重品质和个性化风格的需求。7天酒店旧的和新的Logo对比见下图。

旧　　　　　　　　　　　新

7天酒店旧的和新的Logo对比

本次logo的焕变升级是7天酒店继续倡导年轻价值主张，保持形象与时俱进和品牌年轻化的重要一步。全新品牌标识继续以数字"7"为核心识别元素，延续了7天品牌的经典标记。

新品牌标识构型变得更加柔和与轻巧，在字体里加入了圆角处理，使用明快舒适的天空蓝与柠檬黄进行搭配，符合国际审美扁平化与抽象化发展方向，同时凸显出7天品牌年轻与活力的个性。清新配色与扁平化设计，表达出新logo的轻盈无负重感，也进一步与全新7天"零负担自由空间"的产品定位相呼应，同时又与全新的酒店设计风格保持了一致，令7天酒店的年轻DNA更加凸显。

三、塑造品牌形象

品牌形象就是指企业将某种品牌与目标消费者生活工作中的某种事物、某些事件之间建立起一种联系，这种被联系的对象就是品牌的形象。品牌形象是一个综合的概念，它是受感知主体的主观感受、感知方式、感知背景影响的，不同的消费者对品牌形象的认知和评价很可能是不同的。

品牌形象的树立对于公司规模的扩大、品牌的建立影响都是至关重要的。良好的品牌形象能够在一定程度上影响顾客的消费意识，同样不好的品牌形象对于企业营销有一定程度的阻碍作用。因此对于一个企业来说，应采取正确的途径来为公司树立最好的品牌形象。具体如图1-9所示。

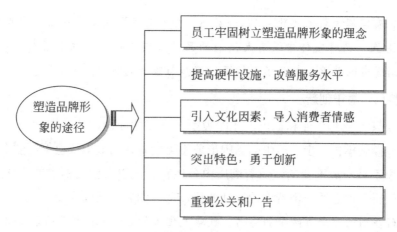

图1-9　塑造品牌形象的途径

1. 员工牢固树立塑造品牌形象的理念

首先，酒店管理者要提高自身的管理素质，增强塑造品牌形象的意识，把品牌形象塑造作为酒店的优先课题，作为酒店发展的战略性问题，要把酒店的经营理念反映在品牌形象上。

其次，以人为本，启发员工的心智，最大限度地激发员工的智慧和潜能，树立全体员工的品牌意识，员工们明白了塑造品牌形象的重要意义，就会产生荣誉感和使命感，使员工自觉自愿地为塑造品牌形象做出贡献。

最后，要在酒店内部建立起特有的观念体系和运作机制，建立起科学的组织架构和严格的规章制度，这是塑造品牌形象的组织保证。

2. 提高硬件设施，改善服务水平

产品的质量是满足消费者需求的一种效能，它是品牌形象的基石，是品牌的本质和生命。酒店只有强化高效管理和合理配置资源，不断引进新技术，才能提高服务的质量，从而为塑造品牌形象提供必要的保证。

酒店要想搞好产品的市场销售，树立品牌形象，保持品牌的竞争优势，就必须在提高硬件配套的同时，努力改善服务质量，提高服务水平。优质的服务有利于维护和提升品牌形象。当消费者遇到损失或缺陷时，就会产生报怨和不满，给品牌形象带来不良影响，而优质的服务可以降低消费者的风险，减少消费者的损失，增加消费者的安全，从而赢得消费者的理解和信任。

3. 引入文化因素，导入消费者情感

品牌有自己的个性和表现力，是沟通酒店和公众感情的桥梁，人们在内心深处都渴望真挚、美好的感情出现。每一个国家、每一个民族都深受本国本民族文化的影响，文化传统在不经意间影响着消费者的选择。如果某个品牌能够契合传统文化的一些因素，就会在消费者心中占据一定的情感空间，引导消费者关注该品牌。

比如，孔府家酒主打家文化，"孔府家酒，叫人想家"用心灵冲击的方式建立起一个经典的品牌形象。品牌宣传中没有大谈酒的品质如何，而是抓住中国人最注重的"家"的概念引起消费者的共鸣，打开了人们情感回归与宣泄的窗口。

4. 突出特色，勇于创新

品牌形象只有独具个性和特色，才能吸引公众，才能通过鲜明的对比，在众多品牌中脱颖而出。抄袭模仿、步人后尘的品牌形象不可能有好的效果，也不可能有什么魅力。

品牌形象不是一成不变的，随着酒店内外经营状况以及消费需求的变化，品牌形象也要不断地创新，使之适应消费者的心理变化，适应酒店发展的需要。

比如，LG在创始时期有两个品牌名，也就是化工的Lucky和电子的Goldstar。1995年，为了适应全球化的发展，Lucky和Goldstar实现品牌重组，新企业的品牌为LG。1997年，LG在世界市场上全面启动醒目的脸谱型"LG"标识，以更加现代和简洁的形象出现在世人面前，其品牌形象得到大大提升。

> **小提示：**
>
> 品牌要想永葆青春和活力，就必须跟上潮流，跟上时代前进的步伐，及时创造新形象。

5. 重视公关和广告

公关与广告对品牌形象而言，如鸟之两翼、车之两轮，其重要性不言而喻。品牌形象最终要建立在社会公众心目中，这取决于公众对品牌的信任度、忠诚度。因而品牌形象的塑造应面向公众，以公众为核心，高度重视公众的反映。

一些国际品牌的公关赞助，会非常有针对性和连续性，以便给社会公众留下深刻的印象。同时还应认识到品牌的推广离不开广告宣传，不管是平面广告、立体广告，不管是通过杂志、电视还是电台、报纸等渠道，成功的品牌都会选择统一的与自身品牌形象相符的广告风格，并一直坚持遵守这个风格，使品牌形象清晰不被混淆。

四、优化品牌战略

品牌是酒店最重要的无形资产，近年来，一些意识超前的酒店纷纷运用品牌战略利器，取得了竞争优势并逐渐发展壮大，从而确保酒店的长远发展。具体来说，酒店可从图1-10所示的几个方面来优化自己的品牌战略。

1. 领导首先要树立现代品牌战略意识

酒店的领导一方面要树立现代品牌战略意识，重视品牌工作；另一方面要对品牌战略有一个正确的认识。酒店在激烈的市场竞争中靠什么来生存？靠的是自己的产品。产

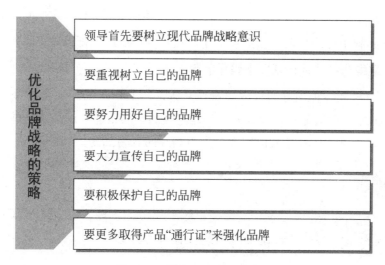

图1-10　优化品牌战略的策略

品靠什么来进入市场？靠的就是品牌。只有品牌搞上去了，产品的销路才会好，酒店才能站住脚，才会在消费者的心里留下良好的印象，最终树立起酒店良好的品牌形象。

小提示：

企业领导人在作重大决策时，要考虑到品牌，要看到品牌也和有形资产一样是公司的宝贵财富。

2. 要重视树立自己的品牌

酒店在制定品牌战略时，一定要把设计、注册商标，拥有自己的品牌当作一件大事来抓。商品未出，商标先行，世界上一些著名的企业无一不是重视商标注册的。只有拥有了属于自己的品牌，酒店在竞争中才不会落败。

3. 要努力用好自己的品牌

商标注册后在法律上获得了承认和保护，但这并不意味着酒店就已经有了自己的品牌。只有商标随商品一起进入市场被广泛使用后，被消费者所认识，经营者再辅以良好的质量、服务、信誉和宣传，一些好的商品和品牌才能被人们认可和接受，才能带动产品的出口，起到良性循环的作用。

4. 要大力宣传自己的品牌

创品牌要通过媒体大力宣传自己的产品，提高产品的知名度。有一些酒店在资金紧张时，首先是削减广告费，酒店因经营困难而不做广告，但不做广告会使经营更困难。

5. 要积极保护自己的品牌

要培育一个品牌不容易，要保护一个品牌也不容易。酒店要积极打击侵权、假冒行为,这是培育品牌不可缺少的一项重要工作,也是维护酒店良好品牌形象的重要工作。

6. 要更多取得产品"通行证"来强化品牌

酒店领导应重视各种国际通行的质量体系认证,如ISO 9000质量体系认证,此外还要注意ISO 14000环保认证及各种专业性、地区性的产品认证。这是酒店进入国际、国内市场的通行证,也是酒店在激烈的市场竞争中制胜的有力武器。

> **小提示:**
> 酒店在创立品牌的过程中,既要树立起对品牌的正确认识,又要真正重视酒店的品牌战略工作,只有这样,酒店才能保持顽强的生命力。

五、实施品牌扩张

品牌扩张是一个具有广泛含义的概念,它涉及的活动范围比较广,但具体来说,品牌扩张是指运用品牌及其包含的资本进行发展、推广的活动。它是指品牌的延伸、品牌资本的运作、品牌的市场扩张等内容,也具体指品牌的转让、品牌的授权等活动。

对于经济型酒店来说,实施品牌扩张的方式有图1-11所示的三种。

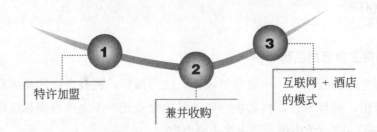

图1-11 品牌扩张的方式

1. 特许加盟

国内的经济型酒店扩张如此之快,主要是得益于特许加盟的经营模式,使得如家、锦江之星在内的一些经济型连锁酒店能在短时间内完成了全国范围的战略布局。特许经营的特点是投入少、风险小、收益快、门店扩张速度快。

如家酒店集团其本身的定位比较明确,以经济型酒店为主,要在短时间内完成全国范围的布局战略就不能采用传统的高投入、高风险的直营连锁的方式。向加盟者出售特许经营权,同时为加盟店提供全方位的营销支持,增加加盟店的盈利与竞争力,从而成为国内忠诚度较高的连锁酒店品牌。为了最大限度地提高"如家"品牌的影响力,加快扩张速度,特许加盟的模式成了如家的首要选择。

> **小提示：**
>
> 特许经营的模式不仅可以带来丰厚的投资回报率，而且还能以低成本的方式迅速占有市场份额。

2.兼并收购

企业发展到足够强时，就会以兼并收购的方式来增加自己的市场份额，酒店行业也不例外。如家、锦江之星等酒店能有如今的市场份额很大程度上依赖于兼并收购。

兼并收购完善了企业的经营结构，能迅速建立起一个结构框架，整合企业的整体资源，消化过剩生产力，快速扩大经营规模，提升企业价值。

2011年5月，如家酒店集团以4.7亿美元收购上海莫泰酒店管理有限公司全部股权，2014年3月以人民币2.3亿元收购云上四季酒店集团全部股权。2015年9月，锦江国际收购铂涛集团81%的股权，2016年开始拓展中端市场，实现中高低品牌全覆盖，同年6月30日，以人民币17.488亿元收购维也纳酒店80%股权。

这些酒店集团之间的收购兼并能使他们弥补本身存在的不足，使收购方与被收购方之间进行优势互补，拓展服务的深度和业务的广度，从而占有更多的市场份额，创造价值最大化。

3.互联网+酒店的模式

电子商务作为一种新的促销模式，对经济型酒店的扩张起到了重要的作用。目前互联网对酒店的渗透主要体现在行业整体链条的销售环节。从前酒店客流来源主要是由企业客户、旅行社团体、散客等构成，随着互联网的发展和移动网络的普及，酒店的官方网站预订和第三方中介预订成为主流，如今快速发展的携程、美团、去哪儿等综合性在线第三方代理商为酒店的网上预订提供多元化的渠道，为酒店业的发展带来了巨大的生机。

此外许多酒店集团都相继推出了自己的网上销售渠道，如铂涛集团的铂涛会、如家集团的掌上如家等。

下面提供一份××连锁酒店品牌策划方案的范本，仅供参考。

【范本】▶▶

××连锁酒店品牌策划方案

第一部分　品牌战略

一、战略概述

抓住发展契机，充分利用集团的资金、经营、管理优势，以特色经营为手段，采取理念灌输、信息传递、硬件满意、软件贴心、跟踪服务等步骤，全面建设与经营

××连锁酒店，通过不懈的努力，实现省内连锁经营的模式，把酒店建成专业品牌、贴心服务、齐全设施、满意价格的专业化连锁酒店。

连锁酒店主要指根据宾客的作息规律，有针对性地为其提供特色服务的酒店。连锁酒店的特色在于其酒店功能布局以及服务流程能真正贴近宾客实际需求。

二、实施策略

在最短的时间内，形成酒店自己的核心竞争力（即独特的竞争优势手段及良性循环机制），以便在连锁的过程中实行标准化运行和复制经营。

第二部分 品牌推广策略

一、广告策划

广告能有计划地向目标客群传递有关产品、服务、品牌的优势特点信息。需要遵循"简捷、独特、联想、凝神、形象、时尚"的原则。

二、公关策划

可根据不同时期的市场状态、同业的发展和竞争姿态进行不同种类的攻关策划，来达到完成营销目标的最终任务。

（1）宣传活动。派发DM、Catalog等。

（2）服务活动。进行彩妆指导、休闲旅游指导、美食烹饪指导等。

（3）交往型活动。新、老会员定期开展比赛、互助、联谊等。

（4）公益活动型。聚焦社会热点，如免费为残疾人士办婚礼、上门为孤老按摩、免费让贫困高考学生入住等，造成社会影响，获得舆论关注和信任。

（5）尊重型活动。开设咨询点、反馈点，现场听取消费者的建议与意见，从而在消费者心中树立良好的形象。

（6）维护型活动。巩固自己酒店的品牌，开展活动，让消费者亲身意识到××连锁酒店的品牌不同于其他酒店。

第三部分 创新策划

一、物质性创新

（1）产品或服务。如增加会员卡的使用范围，扩大会员卡的范围。

（2）酒店本身。如在办公区域张贴酒店文化口号以励志、定期举办员工活动和聚会等。

二、利益性创新

对各项配套服务的收费进行整体性创新，采用捆绑连接法进行互相牵制，让客人感到利益优惠，以达到客人消费充分的目的。

三、信息性创新

（1）完善完整的酒店形象识别系统。

（2）选择适合的主流媒体投入引导广告、开业广告、后续广告。

（3）在主流媒体上发表软新闻。

（4）设计印刷宣传单在人流量大的地方分发。

（5）与旅行社合作，与外省酒店合作，作为旅游团体定点服务酒店。

四、时间性创新

借势打力，利用各种机会、时间进行营销。

（1）情人节（包括"七夕"）——情人套房优惠活动。

（2）妇女节——对入住的女士送一份精美礼物。

（3）儿童节——对入住的儿童送一份精美礼物。

（4）父亲节——对入住的父亲送一份精美礼物。

（5）母亲节——对入住的母亲送一份精美礼物。

第四部分　连锁品牌的形成与维护策略

一、连锁合作方式

（一）收购

由××实业有限公司购买现有物业，并投资将其改造成××连锁酒店。

（1）出让房必须拥有产权与土地使用权。

（2）房屋或土地可用于酒店业的用途。

（3）能获得建设××连锁酒店的立项批准。

（二）租赁

由××实业有限公司租赁现有物业，并投资将其改造成××连锁酒店。要求如下。

（1）出租人应拥有房屋或土地的产权与使用权，产权关系清晰。

（2）房屋可用于（或改为）酒店业用途。

（3）租赁价格合理，租赁期一般为15～20年。

（4）能获得××连锁酒店的立项批准。

（三）加盟

由业主自己投资，按照××连锁酒店的要求将其拥有的物业改造后加盟××连锁酒店。加盟要求如下。

（1）加盟者有适合长期经营物业的产权或使用权。

（2）承认加盟章程，按期缴纳费用。

（3）服从××连锁酒店的统一领导，保持统一的管理服务标准。

（4）同意按照××连锁酒店统一的硬件标准进行改造装修。

（5）服务标准、服务项目必须和××连锁酒店保持一致。

二、在日益激烈的市场竞争形势下，××连锁酒店要想站稳脚跟，打开市场，离不开有效的品牌维护策略

（一）选址是关键

（1）靠近这些区域，如工业区、物贸中心、展览中心、商务中心等。

（2）连锁店不可太过于密集。有些品牌加盟，一条街连开三家店，类似这样的做法对品牌维护来说，是绝对不允许发生的。

（3）此外，还必须对加盟商的实力有全面的了解，不能短时间加盟商就不干了，这是对加盟商、品牌极不负责任的做法。

（二）就加盟而言，以下两点是一定要坚持的

（1）统一理念。在"统一"理念下，最为看重的就是品牌形象的统一性和完整性。每个店的规模，要根据城市的大小以及加盟店周围的环境、人群、商圈等问题反复斟酌，总部要亲自参与。并不一定是有钱的就可以加盟，最重要的是要接受酒店的经营理念。

（2）品牌维护是成功的重要砝码。其他加盟商一旦加盟后，"××连锁酒店"就要给他们提供一套完整的运作体系全部资源共享，让他们复制经营。

××连锁酒店必须做到理念的统一，在"统一"之中，××连锁酒店要看重品牌形象的统一性和完整性，总部对每一个店的加盟都要严格把关，小到加盟店装修，大到加盟店规模，总部全要亲自参与。

第三节　开业筹划

开业是指从事生产经营活动之前应事先准备和落实的各项具体事项，由于不同经济型酒店经营者和管理的模式不同，经营规模和投入的人力、财力、物力有别，因此事先准备的程度因人而异。

一、选择经营场所

经济型酒店盈利的主要因素就是位置的选择，良好的位置是成功的基础。选择经营场地需要着重考虑图1-12所示的因素，并在此基础上综合判断决定。

图1-12 选择经营场所的考虑因素

1. 价格因素

首先是选择土地价格和租赁费价格，如果土地价格过高，就将影响酒店的投资回收和土地价格的升值；如果是租金价格过高，酒店经营的利润空间就比较少。在选址时为了达到理想的投资回报，就要着重考虑土地价格或租赁价格，尽量避免闹市区租地，同时寻找一些旧厂房、旧仓库、旧校舍等进行改建，通过投资成本的控制，从而使经营成本大大降低。

2. 竞争因素

经济型酒店由于进入的门槛不高，所以除了一些大集团、大企业涉足这一领域外，一些中小投资者也会进入这个行业。因此投资者要首先考虑选址选择这个先决条件。例如附近是否有同类酒店；虽然目前没有，但以后有会对经营产生什么影响等。所以选址要考虑现在竞争者的因素，也要考虑将来竞争者进入的危机。

3. 市场因素

经济型酒店目标客源市场相对比较大，但是这类旅店相对来讲也比较多，消费者或者消费群体对这类酒店的选择也比较多。所以在这类酒店的选址上要考虑市场因素。

首先，这个市场现在的客源状况是丰富、一般还是比较少？以后的发展会是怎样？

其次，要考虑这类客源的来源，是旅游还是商务，是散客还是团队，是会议还是会展？

再次，要考虑这类客源的结构，他们是外地客还是本地客，是长住客还是短期客，是年长的还是包括各个年龄层的？

最后，要考虑这些客人的消费能力和消费倾向。

4. 政策因素

经济型酒店的选址要考虑城市的发展、规划，要同政府部门进行沟通，了解城市的发展计划，同时要了解酒店在这里选址有没有规划问题，包括新的道路建设、批租等。这些发展和规划有些是有利于酒店的经营，使酒店经营更容易；有些可能对酒店经营产生极大的不利，如双向道路变成单向道路，建造高架桥使酒店的噪声增加等。

5. 人文因素

经济型酒店由于要严格控制建造成本，因此对酒店在选址上要考虑人文环境，如在老城区要考虑同老城区的原有建筑相匹配。如果是建在生活社区，就要考虑同相邻的住户的关系，否则会给以后带来麻烦，从而影响酒店的形象。

6. 其他因素

此外劳动力保障及其他价格因素、环保因素和当地社会因素（如好客性）等都需要列入经济型酒店的选址考虑因素中。

下面提供一份××酒店选址标准的范本，仅供参考。

【范本】

××酒店的选址标准

1. 最佳地区选择方式

可以参考以下顺序进行。

（1）首都、国家经济中心城市、直辖市。

（2）省会城市、计划单列市、经济特区或区域经济中心城市。

（3）经济发达的城市。

（4）沿海开放城市、经济带中重要的辐射城市、交通枢纽城市。

（5）交通便利，有核心支柱产业，商业流动发达的城市，全国经济100强县级市。

2. 最佳地理位置

（1）位于A-1类城市的市级、区级或其他城市的市级商务区、商业中心、会展中心、物贸交易中心、交通中心、大型游乐中心、中高档（大型）居民住宅区、成熟开发区。

（2）邻近火车站、长途汽车站、公路高速客运中心区域。

（3）邻近地铁沿线、高速公路城市入口处、主要道路交叉道口、交通枢纽中心、市郊结合部、商业网点、汽车终点站、大型停车场附近区域。

（4）邻近城市知名的大学或在校学生数量在20000人以上的教育区。

（5）具有良好的可见性，最好是"金角银边"（十字路口），最好有一定的广告位。

（6）最好邻近城市某个标志建筑、知名建筑或历史文化、旅游项目。

（7）周边直径3公里之内不宜有建第二家同类型物业。

（8）临近高星级酒店聚集区或靠近知名星级饭店。

3. 最佳交通条件

（1）交通条件是选址需要考虑的首要条件，一般以地铁站附近为上佳条件，因为地铁的覆盖面广、客流量大。

（2）在没有地铁的地区或城市中，在选址点的300米方圆内有5条以上能通达商业中心、机场、车站的公交站线为好。

（3）邻近城市交通枢纽道路、大桥、隧道、高架、城市环线，车流大，具有可停留性。

（4）交通流动性好，进出口便利宽敞，快速路无隔离带，路窄，最好不是单行线，有良好的可视性和可进入性。

二、筹措投资资金

筹措资金是成功开业的基础和前提，无论选择何种方式或者规模，在正确估算的前提下，必须事先准备足够的投资资金，有关具体的投资金额因人而异，无法具体评估，就资金来源而言，筹措资金的渠道主要有图1-13所示几种。

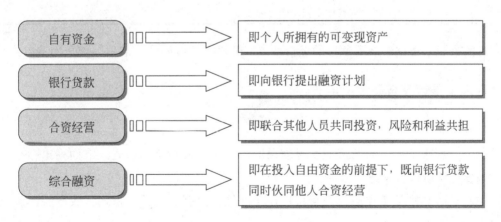

图1-13 筹措资金的渠道

三、店面装潢装饰

设计完美的经济型酒店能带来较高的日均房价及高住房率，所以经济型酒店的装潢装饰与盈利密切相关，而经济型酒店店面装潢装饰需要根据加盟与否分别对待。

1. 加盟连锁的店面装潢装饰

如果选择加盟连锁,则加盟供应商为了维护连锁企业的整体形象和统一标志需要,根据"统一标志"的原则,加盟总部会为加盟店面提供标准化的专业勘查和设计,并提出装潢和装饰的要求与条件,以及详细施工图纸。

2. 个体自主经营的店面装潢装饰

如果选择个体自主经营,为了体现创业者的自我品牌形象和服务风格,在店堂装潢装饰方面要注重以下几方面的设计,具体如表1-1所示。

表1-1 个体自主经营的店面装潢装饰要点

序号	设计项目	设计要求
1	客房	客房设计要遵循酒店的功能定位,并根据功能定位的要求来对客房内的家具、电器、通信、卫浴设备及用品、饰品、各类开关进行平面、立体布局、安排,包括摆设的位置、高低、款式、颜色等设计方案。客房的设计原则是以消费需求为前提,同时方便员工的操作;针对目标市场、经久耐用,符合常人的生活惯例;体现出品牌的内涵和家庭的温馨感,客房设计不求豪华,但需安全、卫生、实用
2	大堂	大堂设计要求把客人在大堂的需要了解清楚,根据经济型酒店的实际情况来安排功能,如接待区域、进房通道区域、购物区域、电话、上网区域、休息区域等。大堂的设计原则是要将有效面积控制在最小范围内,尽量考虑客人进出的线路流畅,门面设计要能够通透,灯光设计要明亮,同时也可有区域控制
3	餐厅	餐厅的设计要同整个经济型酒店的目标市场保持一致,在品种的供应、菜肴的特色上都要考虑酒店的经营成本和消费者的承受力。同时要考虑走菜和拆台的通道,客人进来的通道、收银区域(包括酒水供应区、收款区),要有食品展示区域和餐厅用洗手间

总的来说,根据经济型酒店的经营特点,装潢主要以简朴、清洁、安全为重点。

四、工程验收与开荒清洁

1. 工程验收

(1) 工程竣工后,酒店应对交付使用的营业区域进行全面检查,书面列出存在的问题,督促施工队落实整改。

(2) 整改和修补工作应一个楼层、一个区域地进行,整改一层,验收一层,避免到处施工。

2. 开荒清洁

经过工程验收的楼层和区域,须组织人员进行开荒清洁。

(1) 开荒工作开始后,酒店应分若干小组分别负责开荒、公共区域清洁、配置用品、负责搬运物品、布置客房准备营业,店长负责现场指挥,协调各小组工作。

（2）酒店大堂公共区域和总台清洁由前台员工负责，先开荒清洁，再准备用品，准备就绪后，进行开业演练。

（3）在开业前店长必须对全体员工进行治安和消防的安全培训；施工和营业期间如遇居民纠纷应妥善处理，积极寻找解决方法，避免事态扩大、激化矛盾，如发生居民纠纷可寻求警方帮助；员工发生矛盾店长应妥善处理。

（4）应注意施工现场的安全，施工场地不能吸烟，应有专人24小时值班，动用明火要有许可证，并按用火制度执行。

（5）注意在开荒过程中员工的人身安全、用电安全，登高作业要有安全带。

（6）注意对玻璃、不锈钢、大理石、地毯等的保护。

（7）注意各类工具及化学用品、清洁剂的使用。

（8）注意对酒店物品的保管，开荒完后要及时锁门，防止无关人员进出客房，避免物品丢失。

> **小提示：**
>
> 开荒清洁工作完成后，每间客房都须经过客房主管检查，符合清洁标准后，统一配置客用品进房，并注意卫生及安全巡逻防止物品丢失。

五、配置客房设备用品

1. 客房主要设备

（1）家具。客房家具从功能上划分有实用性家具和陈设性家具两大类，其中以实用性家具为主。客房使用的家具主要有：床、床头柜、写字台、软座椅、小圆桌、沙发、行李架、衣柜等。

（2）地毯。地毯是客房的高级设备及装饰品。地毯的品种有羊毛和化学纤维地毯等。羊毛地毯高雅名贵，但造价高，豪华级的房间多铺设羊毛地毯。目前国内外大多数酒店都使用化学纤维地毯，这种地毯美观、价廉、易洗。

（3）电器设备。客房内的主要电器设备包括照明灯具、电视机、空调、音响、冰箱、电话等。

（4）卫生设备。卫生间的设备主要有洗脸台、浴缸、坐厕等。洗脸台上一般装有面镜。浴缸边上有浴凳、浴帘，下面铺有胶皮防滑垫，有冷、热水龙头和淋浴喷头。酒店里一般有恒温器，能自动供热水，还有手纸架、毛巾架及通风设备等。

（5）安全装置

① 为了确保宾客的生命、财产安全，预防火灾和坏人肇事，客房内一般都装有烟雾感应器，门上装有窥视镜和安全链，门后张贴安全指示图，标明客人现在的位置及安全

通道的方向。

②楼道装闭路电视,可以监视楼层过道的情况。

③客房及楼道还应装备自动灭火器,一旦发生火灾,安全阀门即自动开启,水从灭火器内自动喷出。

④安全门上装有昼夜明亮的红色照明指示灯。

2.备品配备

(1)卫生间布件。浴巾、面巾、方巾、地巾。

(2)餐桌布件。台布、餐巾等。

(3)装饰布件。窗帘、椅套、裙边等。

相关链接

客房设备用品的配置原则

客房设备配备应遵循以下基本原则。

1.协调性

设备的大小、造型、色彩格调等必须与客房相协调。因为客房面积一般都不太大,客人在其中逗留时间又较长,如果陈设布置的反差对比太大,则会使客房失去轻松柔和、宁静舒适的气氛。

2.实用性

根据酒店住客的特点,客房设备应选择使用简便、不易损坏的材料。此外还要考虑其清洁、保养和修配等是否方便。

3.适应性

设备的选择既应与多数客人的需要相吻合,又要从酒店的档次和配套条件等来考虑。

4.安全性

这不仅指必须配备必要的安全设备,而且一般设备也应具有安全可靠的特性。如:电器的自我保护装置、冷热水龙头的标志、家具饰物的防火阻燃性,甚至包括防滑、防静电、防碰撞、防噪声污染等要求。

第四节　营销策划

在现代酒店的发展过程中，各种营销活动的开展起着不可替代的作用，常做活动可以为酒店创造可观的经济效益。如何策划一系列有效的主题营销活动已成为酒店管理的重要任务。

一、营销计划的制订

对于一家经济型酒店来说，制订好营销工作计划是"重中之重"。如今的经济型酒店营销似乎进入了一种误区：营销就是节日搞活动。通过一些活动，经济型酒店或许一时间生意很火爆，但活动一过，马上又变得冷冷清清。

因此经济型酒店有必要做出符合市场需求的营销计划，根据目前经济型酒店的情况，制订一个营销计划设计，诸如：制定营销方案、市场推广计划，并在工作中逐步实施，推动酒店的不断发展，同时也从长远发展的角度，为酒店的经营打好坚实的基础。

1.制订营销计划的要求

经济型酒店的产品是有形设施和无形服务的结合，它不是单纯以物质形态表现出来的无形产品，经济型酒店产品的市场营销存在特殊性，有综合性、无形性、易波动性、时效性特点。因此经济型酒店要根据酒店市场营销的特点，制订切实可行的营销计划，以追求最高效益。其具体要求如图1-14所示。

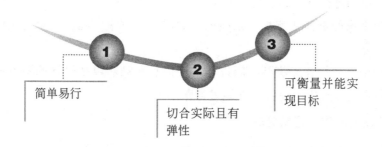

图1-14　制订营销计划的要求

（1）简单易行。营销计划的设计要尽量简单，尽可能只有几个需要完成的关键项目，这样的营销计划才能使经济型酒店集中精力并获得成功。

（2）切合实际且有弹性。制订的营销计划必须不断地进行重新审视和重新评估。一个好的营销计划需要一定程度的稳定性，它意味着当环境改变了，或者表明当该定位将不再是最有效的时候，就不必故步自封。

（3）可衡量并能实现目标。经济型酒店的营销计划必须符合经济型酒店的经营能力、经营范围及经营风险，并且有切实可行的时间和资源。

经济型酒店营销计划必须根据其完成这项可衡量及可行的目标所需要的时间和日期，来指派具体的责任。而这些责任既有个人的责任，也有集体的责任。比如："提高客房出租率5个百分点"。计划制订后还应该持续地跟踪以确保这些责任被落实，又或者在特殊的时候这项计划需要被更改，这些规定就要求组织中所有的人都要全面理解计划。

2. 营销计划设计的步骤

经济型酒店营销计划设计，一定要基于调查的基础上，从外部环境考察、内部环境考察，并且借助数据的分析，才能做到设计的方案有效并得到落实。

（1）外部环境考察。外部环境包括国际和国内趋势，此外还应该考虑众多产业的趋势，诸如各种细分市场的成长或衰退趋势、客房出租率趋势及酒店将会面临的一些新的发展及衰退趋势。

此外要在合理的范围内收集有关可能的竞争者的数据，所谓"合理的范围"也就是包括距离本店3千米的酒店。营销小组必须站在客观的立场评估竞争者，对于产品投放市场后的评估结果，必须真实、客观并且切实可行。

（2）内部环境考察。在附近搜集到的数据要力求准确和充分。经济型酒店有关出租房间数、出租率、收入、平均房价、平均每间可供出租客房的收入等这些数据必须每月、每季度、每天更新，它们也是确定过去、现在、未来细分市场和目标市场的依据。

（3）数据分析。经济型酒店最先要分析的是环境和市场趋势，它们处于积极还是消极的状态？它们将会如何影响我们？经济型酒店怎样利用或抵消它们的影响呢？

还有市场的潜力和机会是什么？想要确定这些，需要对所有的需求因素、各种细分市场以及目标市场进行分析。

以及确定市场的供需在哪里？未被满足的需求在哪里？同行竞争者未填补的利益空间又在哪里？

（4）营销定位。结合经济型酒店以往客住信息和酒店以往设计的策划及收集到的真实、客观的数据进行分析，有针对性地进行营销定位。

3. 适合经济型酒店的营销策略

酒店可参考图1-15所示的策略，来制订适合自身情况的营销计划。

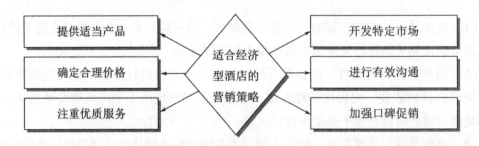

图1-15 适合经济型酒店的营销策略

（1）提供适当产品。经济型酒店是相对于酒店行业中的中低端市场而言的，应根据其目标市场的特征来提供能满足客人需求的产品。具体来说应注意以下几个方面，如表1-2所示。

表 1-2　经济型酒店提供产品的标准

序号	标准	具体说明
1	经济	经济型酒店的最大特征就在于其经济性，因此经济型酒店应尽可能简化客人不需要或使用特别少的服务项目，从而降低成本，为客人节省费用。如不设专门酒店前厅、向客人只提供简单早餐、客房内不设专门的浴盆等
2	实用	经济型酒店的目标市场客人对酒店功能的要求主要是住宿和休息，酒店产品的设计应在尽量经济的前提下，围绕其实用功能来进行。比如说，前台不一定豪华，但必须有客人休息处；客房面积不一定要很大，但生活设施必须齐全等
3	舒适	选择经济型酒店的旅客，追求的不是豪华的享受，而是舒适的休息，以便为第二天的行程做好充分的准备。因此酒店客房的设计应以舒适为基本原则，为客人提供一个舒适的休息环境，如客房简单温馨的布局、柔和的光线、平和的色彩以及舒适的温度和清新的空气等

（2）确定合理价格。经济型酒店的目标市场对价格比较敏感，因此经济型酒店的定价一定要合理，应在目标市场可以接受的范围之内。定价以前，经济型酒店应当做充分的市场调研，并在此基础上合理地制定出本酒店的价格。经济型酒店的价格一旦确定后就应保持其稳定性，除了在旅游淡旺季以及对团队客、回头客以外，酒店的价格对于任何客人都是一致的。除此之外，酒店可在外面醒目位置用大幅广告牌将酒店的价格标出，这样便使得酒店的价格变得公平和透明，从而让对价格敏感的客人接受酒店的价格。

（3）注重优质服务。许多人认为，价格低廉的经济型酒店提供的服务相应也就降低了档次，可以说这只是一个认识上的偏见，事实并非如此。经济型酒店价格的降低，只是服务项目的减少，而不是服务档次的降低。这样说来，经济型酒店应该以更优质的服务来弥补减少的服务项目给客人带来的损失，向客人提供贴心服务，让客人感到虽然住的是"经济型"酒店，获得的却是高经济型酒店的体贴入微，让客人有一种宾至如归的感觉。

比如"如家连锁酒店"就比较注重优质服务，为客人设置自助微波炉、自助投币洗衣机、自动擦鞋机；为客人提供雨伞，有自行车出租，供客人外出使用；引入呼叫系统，房间有事，客人一按呼叫按钮，服务员立即就到等。

（4）开发特定市场。经济型酒店经过几年来的快速发展，国内外一些知名品牌如7天连锁酒店、如家连锁酒店、汉庭连锁酒店、速8连锁酒店等，在市场中已经树立了自己的地位，他们将目标市场定位为中低档消费者，主要包括度假家庭、政府职员、工薪阶层、一般商务人士、学生群体等。

但是很少有经济型酒店会像其他经济型酒店那样，将某个特定的市场作为自己的目标市场。其实随着投资的火爆进行，以及经济型酒店之间竞争的日益激烈，国内经济型酒店对市场的整合已成大势，细分市场、确定自己的目标市场已成为经济型酒店发展的重要战略手段。

经济型酒店可以针对不同的目标人群，将自己的目标市场定位为商务型、会议型、家庭度假型、自由人型、学生旅游型等类型中的某一个或两个市场，然后根据该市场中消费人群的消费心理、购买习惯等特点展开专门的市场营销活动。经济型酒店通过这种方式来占领某个目标市场，会使得酒店能够长期而稳定地发展。

（5）进行有效沟通。入住经济型酒店的客人，大多追求的是旅游效益与旅游费用的最优化，他们希望能以有限的旅游费用获得最高的旅游满足，因此他们需要本地的旅游出行信息，渴望与本地居民直接接触，借助这种情形，经济型酒店可以通过酒店的服务员主动与客人沟通，向客人提供其需要的旅游信息，一定程度上满足客人希望与当地人接触的愿望，这样不仅方便了客人的出行，同时也提高了酒店产品的附加值，增强了客人对酒店的信赖感和真诚度。

（6）加强口碑促销。目前市面上已经建成的经济型酒店，在数量结构上呈明显的"两头大，中间小"的不合理状态，也就是质量好、价格高的高经济型酒店和质量次、价格低的社会经济型旅馆数量大，质量与价格较适中的少。这一消费断层便给经济型酒店的发展提供了机遇。

经济型酒店的促销方式很多，口碑促销是费用最低且使目标市场易于接受的不二选择。经济型酒店低廉的价格、优质的服务必定会给客人留下很深的印象，他们回去后也必定会向身边的人说起，甚至还会在自己撰写网络旅游论坛的帖子中提及，并且会向其他旅游者极力推荐。这种"口碑"促销要比价格不菲的媒体广告有效得多。当然最重要的是可信度高，有利于酒店良好现象的树立和传播。

因此经济型酒店一定要注重"低价格、优服务"的特色，加强酒店员工培训，提高服务水平，让员工明白他们提供服务的过程就是酒店促销的过程。

下面提供一份××连锁酒店营销计划的范本，仅供参考。

【范本】▶▶

××连锁酒店营销计划

现阶段酒店业竞争日益激烈，消费者也变得越来越成熟，这就对我们经济型酒店经营者提出了更高的要求。结合前期酒店营销的实际情况，接下来我们计划对我们的营销作出一系列的调整，以吸引消费者到我店消费，提高我店经营效益。

一、市场环境分析

1.我店经营中存在的问题

（1）目标客人群定位不太准确，过于狭窄。总体来看，我市经济型酒店业经营状况普遍不好，主要原因是经济型酒店过多，供大于求，而且经营方式雷同，没有自己的特色，或者定位过高，消费者难以接纳，另外就是部分经济型酒店服务质量存在一定问题，影响了消费者到经济型酒店消费的信心。

我店在经营中也存在一些问题，去年的经营状况不佳，我们应当反思目标市场的定位，应当充分挖掘自身的优越性，拓宽市场。我酒店目标市场定位不合理，这是导致效益不佳的主要原因。我店所在的××区是一个消费水平较低的区，居民大部分都是普通职工。但我店的硬件水平和服务质量在本区都是上乘的，主要面向中高档消费群体，对本区的居民不能构成消费吸引力。

（2）新闻宣传力度不够，没能在市场上引起较大的轰动，市场知名度较小。社会层面对我店不甚了解，我们酒店除在开业时做过短期的新闻宣传外，再也没有做过广告，这导致我酒店的知名度很低。

2. 周围环境分析

尽管我区的整体消费水平不高，但我们酒店的位置有特色，位置优越，交通极为方便，过往的车辆很多，流动客人是一个潜在的消费群。

3. 竞争对手分析

我店周围没有与我店类似的经济型酒店，只有不少的小旅馆，虽然其在经营能力上不具备与我们竞争的实力，但其以低档服务吸引了大量的客源，总体上看他们的经营情况是不错的。而我们虽然设施和服务都不错，但由于市场定位的错误，实际的经营状况并不理想，在市场中与同行经济型酒店相比是处于劣势的。

4. 我店优势分析

（1）我店是隶属于××集团的旗下品牌酒店，××集团是我市的著名酒店，其酒店资金实力雄厚是不容置疑的，因此们在细致规划时，也应充分利用我们的品牌效应，充分发掘其品牌的巨大内蕴，让消费者对我们不产生怀疑，充分相信我们提供的产品及服务，在我们的规划中应充分注意到这一点来吸引消费者。

（2）我店硬件设施良好，资金雄厚，而且有自己的停车场和大面积的可用场地。这可以用来吸引过往司机和用来开发一些促销项目以吸引过往人群。

二、目标市场分析

目标市场即最有希望的消费者组合群体。目标市场的明确既可以避免影响力的浪费，也可以使广告有其针对性。没有目标市场的广告无异于"盲人骑瞎马"。

目标市场应具备以下特点：既是对酒店产品有兴趣、有支付能力的消费者，也是酒店能力所及的消费者群。酒店应该尽可能明确地确定目标市场，对目标客人做详尽的分析，以更好地利用这些信息所代表的机会，以便使客人更加满意，最终增加销售额。客人资源已经成为酒店利润的源泉，而且现有客人消费行为可预测，服务成本较低，对价格也不如新客人敏感，同时还能提供免费的口碑宣传。维护客人忠诚度，可以使得竞争对手无法争夺这部分市场份额，同时还能保持酒店员工队伍的稳定。因此融会客人关系营销、维系客人忠诚可以给酒店带来如下益处。

1. 从现有客人中获取更多客人份额

忠诚的客人愿意更多地购买酒店的产品和服务，忠诚客人的消费，其支出是随意消费支出的两到四倍，而且随着忠诚客人年龄的增长、经济收入的提高或客人单位本身业务的增长，其需求量也将进一步增长。

2. 减少销售成本

酒店吸引新客人需要大量的费用，如各种广告投入、促销费用以及了解客人的时间成本等，但维持与现有客人长期关系的成本却逐年递减。虽然在建立关系的早期，客人可能会对酒店提供的产品或服务有较多问题，需要酒店进行一定的投入，但随着双方关系的进展，客人对酒店的产品或服务越来越熟悉，酒店也十分清楚客人的特殊需求，所需的关系维护费用就变得十分有限了。

3. 赢得口碑宣传

对于酒店提供的某些较为复杂的产品或服务，新客人在作决策时会感觉有较大的风险，这时他们往往会咨询酒店的现有客人。而具有较高满意度和忠诚度的老客人的建议往往具有决定作用，他们的有力推荐往往比各种形式的广告更为奏效。这样酒店既节省了吸引新客人的销售成本，又增加了销售收入，从而酒店利润又有了提高。

4. 提高员工忠诚度

这是客人关系营销的间接效果。如果一个酒店拥有相当数量的稳定客人群，也会使酒店与员工形成长期和谐的关系。在为那些满意和忠诚的客人提供服务的过程中，员工体会到自身价值的实现，而员工满意度的提高直接带来酒店服务质量的提高，使客人满意度进一步提升，形成一个良性循环。

根据我们前面的分析，结合当前市场状况，我们应该把主要目标客人定位于大众百姓和过往人群及过往司机，在此基础上再吸引一些中高收入的消费群体。他们有如下的共性：

（1）收入水平或消费能力一般，讲究实惠清洁，到酒店消费一般是宴请亲朋或节假日的生活改善。

（2）不具有经常的高消费能力但却有偶尔的改善生活的愿望。

（3）关注安全卫生。

三、市场营销策略

1. 做百姓的高档酒店

独特的文化是吸引消费者的法宝,虽然我们在文化上把酒店定位于面向中低收入的百姓和附近人流量,但却不意味着把酒店的品位和产品质量降低,我们要提供给客人价廉的优质产品和优质服务,决不可用低质换取低价,这样也是对客人的尊重。

2. 进行立体化宣传

突出本酒店的特性,让消费者从感性上对××连锁酒店有一个认识,让消费者认识到我们提供给他的是一个让他有能力享受生活的地方。可以在报纸、杂志上针对酒店的环境、所处的位置进行宣传,吸引消费者的光顾,让客人从心理上获得一种"尊贵"的满足。

3. 采用强势广告

如报纸,以期引起"轰动效应"作为强势销售,从而吸引大量的消费者注意,建立知名度。

二、长住客人客房营销策划

1. 了解需求

(1) 客人提出长期租用客房或写字间,应由营销代表负责接待,并通过洽谈了解客人的具体用房需求。

(2) 根据客人提出租用客房的规格、种类或写字间的使用面积等有关要求,陪同客人参观房间,介绍设备、环境等,并向客人提供酒店报价表等资料。

(3) 当客人连续租用客房3个月以上,或一次性租用写字间半年以上时,可视为长住客人。

(4) 报价时,客房房租应按间/天报价。商谈房价时,客房按使用天数和房租缴纳周期洽谈,写字间按每平方米/天的缴费周期洽谈,并计算出年、半年、季度、月租金。

(5) 商定价格以一年内房价不变来落实。对一年以上的价格要根据市场规律进行预测。本着对酒店中长期经济效益有利的原则,对超过一年,届时房价有可能上升的应以一年一洽谈房价为宜;届时有可能降低的则将两三年的房价一次性确定,力争客房和写字间价格在较长时间内不会下调。

(6) 在双方经过协商并达成租赁意向后,可与客人商讨租房合同细节。

2. 签订合同

(1) 长住客房合同由营销部经理同客人协商明确后签订,报总经理批准后实施。

(2) 租赁合同中应明确出租房间数（平方米数）、房租价格、租赁期限、相关项目计费标准、结算方式、双方的责任和义务、违约责任及签约时间等。

(3) 租赁合同由营销部与客人各持一份，同时再复印三份，分送财务部、前厅部、保安部各一份。

3. 做好入住准备

(1) 酒店有关部门应保证在客人入住前一天将房间清扫干净，各种设备要配套到位，电话、照明设备等要调试完毕。

(2) 财务部应根据租赁合同规定，按期结算客人在店的消费，并收缴一定的租房押金、电话押金等。

4. 入住接待

(1) 营销部经理或营销代表要主动迎接客人入住，并陪同其到总台办理入住手续，帮助客人搬运家具或其他物品。

(2) 客人入住后，要及时建立客人档案，详细记录客人名称、国籍、营业执照号码和客人主要负责人的姓名、性别、年龄、身份证、护照、工作证、联系电话、房间电话号码等资料，以便届时为客人提供有针对性的服务。

三、商务客人客房营销策划

1. 确定对象

根据酒店的具体情况，确定酒店商务客人的推销对象是以大中型公司为主还是以小型公司为主。定位明确之后，酒店营销经理要重点面向各类公司在各地的商务办事处、商业机构和各种社团等进行营销。

营销经理要定时召开销售分析会，由营销代表通报销售情况，统计实际数据，分析存在的问题，并做好统计报表。

2. 联系客人

营销代表应随时收集商务客人的信息，整理、汇集、筛选有消费需求的商务客人信息，并主动上门走访，建立客人联系网络，逐步建立酒店稳定的目标市场。

3. 客房预订

营销代表要了解和掌握客人的要求，并为其办理预订手续，如签订客房预订服务合同。

4. 客人接待

(1) 商务客人住店，由前厅部负责接待，营销部负责协调配合。

(2) 遇重要的商务客人住店，应及时报告总经理，并制定具体接待方案。

四、旅行社客人客房营销策划

1.了解需求

（1）酒店营销部要经常与各类旅行社保持联系，掌握近期旅行社的团队出行情况，查阅旅行社近期订房情况。

（2）针对旅行社需求宣传酒店优势，介绍酒店地理位置、硬件设施、服务项目等。

（3）详细介绍酒店最新销售政策，动员对方安排客人入住酒店。

2.签订合同

酒店可以与有合作意向的旅行社签订合同，以建立长久合作关系。

五、散客客人客房营销策划

散客市场是酒店客房追求高利润、比较稳定的客源市场。在酒店客房销售中，散客的客房房价通常是最高的，与团队客人相比，客房收入虽然相同，但因所花费的人力、物力成本的差异，一间来自散客客房的收入通常相当于三间团队客房的收入。可以说酒店的散客（没有预订的商务客）所占的比例决定了酒店平均房价和酒店客房总体收入状况。

1.按需求和构成分类，采取多样化优惠策略

酒店散客按其住店需求与构成来划分，大致可分为家庭型、情侣型、团体型、熟客型、临时商务型、旅游型等几种类型。根据不同类型散客的住店特点，可分别采取如表1-3所示的营销做法。

表1-3 不同类型散客的营销做法

序号	类别	具体说明
1	家庭型	家庭型多以一家三口为主，他们讲求住店经济实惠。这种类型的客人可作为普通经济型客房的推荐对象，并免费赠送早餐，女主人对于这种实惠的赠送方式会很感兴趣
2	情侣型	情侣型的客人往往喜欢一间有一张大床的房间，而早餐对他们来说不会有太大吸引力，因为年轻人多数有晚起的习惯，不吃早餐。如果改送他们两张西餐消费券或COFFEE SHOP赠饮券，相信他们定会欣然前往
3	团体型	团体型的客人一来就是五六个人，目的是为开间房在一块儿聊聊。前台人员可向其推荐套房，一房一厅，厅房供其娱乐，卧室又可用于个别人休息，这样可最大限度地满足这类客人的需求
4	熟客型	熟客型客人是固定散客，个人随时可登记住店，无协议约束。酒店可给予这类客人比其他散客低几十元的"熟客价"，这样做不但会使熟客感到有面子，同时也能感到酒店对他们的重视

续表

序号	类别	具体说明
5	临时商务型	临时商务型是指未与酒店签有长期入住合同的商务客人。为争取他们与酒店签订入住合约，获取他们的信任，创造最佳印象则显得尤为重要。除了极力向其推荐商务楼层的各种设施外，更应注意细微化的服务，如免费赠送熨衣券，因为商务客人出差在外，衣服放在旅行包中难免会有褶皱，一张免费熨衣券对其来说无疑是创造好印象的最好时机
6	旅游型	如果地处旅游城市，那些第一次来此旅游的客人，对吃、住、玩等各方面都不太了解，酒店可向这类客人推荐当地的各种套票消费（一定要注意调查套票质量，以免影响酒店的服务质量、声誉），吃、住、玩全包，这样旅游客人心里就会踏实许多，也可以方便顾客侧面了解当地旅游情况。或者酒店可视季节时段，在旅游旺季，提供免费观光旅游市内主要景点等获取客户的青睐

2. 酒店联盟协议、酒店内部服务套餐散客策略

此战略对单体酒店有非常重大的意义。一般酒店营销的重点都是本地市场，其次是外地来的商务、度假、休闲散客。所以必须设计出符合本地客人消费的产品，赢得他们的心，最终使他们成为本酒店的忠实宾客，这对酒店业绩提升起到非常重要的作用。本地市场客户要逐一登门拜访，签订优惠协议书（通过一段时间的营业，根据客户的消费能力，优惠协议可分为A、B类两种），这样可以大量地吸收本地散客以及和本地企业有业务联系的外地客商，从而提高酒店的入住率。

3. 充分利用信用卡商业联盟、商盟散客捆绑销售等相关团体，提高酒店散客出租率

此策略主要针对商务散客，通常商务客的身份、目的和目标与其他客源有很大区别，他们在人际关系和文化传播、在商品和商务上有着市场经济的专业性色彩，对酒店业的繁荣发展起着日益显著的作用。同时商务客的增多、客源档次的提高，使酒店的硬件产品损耗率降低，延长了产品的寿命。商务旅游散客是酒店业者目前所追求的理想客源之一。合理利用信用卡商盟、专业商盟等组织，等于是把一部分拥有真正消费能力和消费欲望的商务旅游散客通过一定的方式组织起来，并且通过他们的商业活动在加盟酒店内的流动，使酒店提高出租率并改善客源结构。

当然酒店营销的"散客"策略基础还在于自身打造品牌来达到酒店知名度的提高，从而广揽五湖四海的散客资源。经济型酒店要在"散客"多下功夫，从而全面迎接酒店业"散客"时代的到来。

第五节　活动策划

一、开业庆典活动策划

开业庆典又名"开张庆典"。一家经济型酒店的开业庆典，不只是一个简单的程序化庆典活动，而是一个经济实体、形象广告的第一步，它标志着一个经济型酒店的成立，昭示着社会各界人士，它已经站在了经济角逐的起跑线上。

从客观上来看，一个经济型酒店的开业庆典，就是这个酒店的经济实力与社会地位的充分展示。从来宾出席情况到庆典氛围的营造，以及庆典活动的整体效果，都会给人一个侧面的诠释。

经济型酒店有关庆典活动策划大致可分为图1-16所示的几个步骤。

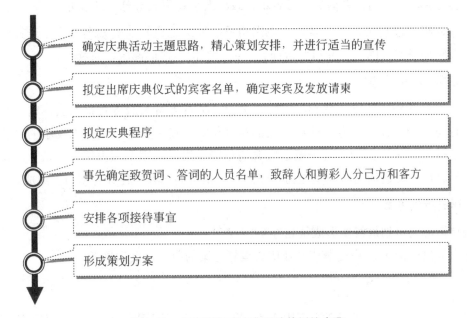

图1-16　经济型酒店庆典活动策划的步骤

1. 确定庆典活动主题思路，精心策划安排，并进行适当的宣传

庆典是庆祝活动的一种方法，需要每一项具体活动都要组织得炽热、兴奋而隆重，不论是举行庆典的具体场合、庆典进行过程中的某个具体局势，还是整体到会者的心境、体现，都要体现出兴隆、炽热、兴奋、快乐的气氛。这样庆典的意图——描写酒店的出色形象，展示酒店的雄厚实力和远景，展示酒店员工的出色精神面貌和凝聚力、战斗力，扩大酒店在社会各界的影响力，才可以真实地得以贯彻落实。

2. 拟定出席庆典仪式的宾客名单，确定来宾及发放请柬

来宾组成：政府官员、地方实力人物、知名人士、新闻记者、社区公众代表、客人代表或特殊人物等。总之来宾要具有一定的代表性。发放请柬要求：请柬提前 7～10 天发放。重要来宾请柬发放后，组织者当天应电话致意，庆典头晚再电话联系。

3. 拟定庆典程序

庆典的一般程序如下。

（1）主持人宣布开典。

（2）介绍来宾。

（3）由组织的重要领导或来宾代表讲话。

（4）安排参观活动。

（5）安排座谈或宴会。

（6）邀请重要来宾留言或题字。

4. 事先确定致贺词、答词的人员名单，致辞人和剪彩人分己方和客方

己方为组织最高负责人，客方为德高望重、社会地位较高的知名人士；选择致辞人和剪彩人应征得本人同意，并拟好贺词、答词，贺词、答词都应言简意赅。

5. 安排各项接待事宜

事先确定签到、接待、剪彩、摄影、录像、扩音等有关服务礼仪人员，精心组织好来宾的招待作业，体现主办方热心翔实的招待作业，使来宾感受到主人真挚的尊重与敬意，从而使每位来宾都能心境舒畅。庆典的招待小组，原则上应由年青、精干、身段与形象较好、口头表达能力和应变能力较强的对口招待局部人担任和青年员工组成。

6. 形成策划方案

庆典活动的策划最终要形成策划方案。

下面提供一份××快捷酒店开业庆典策划方案的范本，仅供参考。

【范本】

××快捷酒店开业庆典策划方案

一、整体构思

（1）以剪彩揭幕典礼为主线，通过酒店剪彩揭幕、馈赠礼品来完成活动目的。

（2）通过活动传播开业酬宾的信息，使潜在消费者获得信息。

（3）通过活动的间接影响，使更多的潜在消费者对酒店有一个基本的了解，进而吸引既定的目标人群。

二、整体氛围布置

配合酒店剪彩揭幕的主题，以剪彩揭幕的热烈喜庆和庄重气氛为基调，酒店十个空飘气球悬挂空中作呼应，并输出酒店开业酬宾的信息。酒店内以红、黄、蓝相间的气球链造型装点一新。主干道及酒店入口布置有标志的彩旗，酒店内墙布置展板，保证做到气氛庄重热烈。

1. 酒店的布置

（1）在主干道两侧插上路旗及指示牌。

（2）悬挂剪彩典礼暨酒店开业庆典横幅。

（3）充气拱形门一个。

（4）门口铺红色地毯，摆花篮和鲜花盆景。

（5）酒店内四壁挂满红、黄、蓝相间的气球。

（6）酒店门匾罩红绸布。

（7）酒店现场布置十个空飘气球悬挂空中，彩飘上写"祝××快捷酒店开业庆典顺利举行"。

2. 主会场区的布置

（1）在主会场区的入口处设置一签到处，摆放一铺红布的长木桌，引导嘉宾签到和控制入场秩序。

（2）会场周围设置两只大音箱和有架话筒，便于主持和有关人员发言讲话。

（3）乐队和舞狮队位于主会场主持区一侧。

三、活动程序设置

作为一个庆典活动，欢庆的气氛应浓烈，我们计划用一部分欢庆活动来起到调动会场情绪的作用。由舞狮活动来制造喜庆气氛，也是为以后的项目打气助兴做准备。由于它费用低、收益大、最容易制造气氛和场面，故而以舞狮活动作为开业仪式上的一个组成部分最为合理。另外应当由司仪主持庆典活动全过程，由司仪来穿针引线，才能使会场井然有序。

具体活动程序布置如下。

09:00　酒店迎宾（礼仪小姐引导嘉宾签名和派发优惠券）。

09:20　礼仪小姐请嘉宾、客人到主会场。

09:30　乐队奏曲和司仪亮相，宣布酒店开业典礼开始并向嘉宾介绍庆典活动简况，逐一介绍到场领导及嘉宾。

09:50　公司总经理致辞。

10:00　重要嘉宾讲话。

10:20　剪彩仪式。

10:42　舞狮表演。

11:00　燃放鞭炮，乐队乐曲再次响起。

11:10　邀请嘉宾前往酒店参观和稍做休息（这时有专人为手持报纸、宣传单页的宾客派发礼品）。

12:00　庆祝酒会开始（酒会为中式宴席形式，气氛融洽又高雅）。

四、活动配合

（1）活动总负责——总务组。负责活动总体进展，确定嘉宾名单。人员配置：暂定1人。

（2）现场总协调——会场组。协调现场各工序间工作。人员配置：暂定1人。

（3）道具准备——后勤组。负责购买活动所需材料及用品，活动结束的清理会场。人员配置：暂定2人。

（4）对外联络——公关组。负责派送请柬，联系乐队、舞狮队、司仪、新闻媒体、酒店等。人员配置：暂定4人。

（5）宾客接待——接待组。负责嘉宾签到处，发放资料，为嘉宾佩戴贵宾花，引导车辆停放，活动结束后负责送客。人员配置：暂定4人。

五、费用预算

略。

二、周年庆典活动策划

周年庆典是一个酒店成立周岁庆典，一般而言它都是逢五、逢十进行的。经济型酒店进行周年策划，可以从以下几个方面来考虑。

1. 确定庆典活动的对象

一般而言，庆典活动对象分为以下几类。

（1）政府部门和经济型酒店行业内的领导。

（2）各类新闻媒体。

（3）上下游客人。

（4）酒店员工。

（5）大大小小的投资者、股东、社会公众等。

政府官员每天都能收到很多庆典活动的邀请，他们感兴趣的是这个活动与宏观导向是否契合、是否有示范效应；媒体关注的是有没有独特的新闻点。而酒店员工就更需要进行群体性研究了。

2. 庆典活动围绕经济型酒店的文化进行

经济型酒店周年庆典本身就是进行经济型酒店文化理念落地的一种有效策略，必须以传播经济型酒店文化理念、弘扬经济型酒店精神为主旨，否则便失去了本身的应有之义。

3. 庆典活动把握"三个关键环节"

经济型酒店在策划周年庆典活动时要把握好图1-17所示的"三个关键环节"。

图1-17　周年庆典活动要把握的关键环节

什么是创意？这里从字面上做两点解释：一是"创造新意"，即具有新颖性和创造性的想法或构思，它表现为对传统的叛逆、对常规的破坏，具有"一招定乾坤"的震撼能量！二是"创造意图"，任何创意都有其目的性，都必须追本溯源。好的创意可以操作执行、可以转化为效益，这种创意被酒店业界称为"灵魂创意"或者叫"本质创意"。

4. 制定行之有效的周年庆典策划方案

制定一个行之有效的庆典策划方案，是整个酒店庆典策划活动中必不可少的一环，对整个庆典活动起着至关重要的作用。

下面提供一份××快捷酒店10周年庆典方案的范本，仅供参考。

【范本】▶▶▶

××快捷酒店10周年庆典方案

一、活动目的

庆祝××快捷酒店成立十周年店庆，树立企业新形象，提高××快捷酒店的美誉度，并借此机会回馈新老顾客。

二、活动主题

长袖予我十周年，宁静志远又一朝。

三、活动时间

××××年5月18日～××××年6月18日。

四、活动具体内容

活动一：零点消费大赠送

（1）单桌消费满100元以上，送：38元餐饮代金券+20元客房券+扑克牌1副。

（2）单桌消费满300元以上，送：58元餐饮代金券+20元客房券+扑克牌1副。

（3）单桌消费满500元以上，送：68元餐饮代金券+20元客房券+精美太阳伞1把+扑克牌1副。

（4）单桌消费满800元以上，送：88元餐饮代金券+20元客房券+精美太阳伞1把+扑克牌1副。

活动二：公民花园、宴席乐园（食在公民、乐在公民）

1. 餐厅婚宴、乔迁宴、生日宴、满月宴优惠活动

（1）宴席满10桌，送：300元代金券。

（2）宴席满20桌，送：600元代金券。

（3）宴席满30桌，送：900元代金券。

2. 联手三大酒水供应商同贺店庆、共同酬宾

（1）稻花香。购买稻花香金珍系列1瓶赠送雪碧1瓶（2.3升）。

（2）枝江大曲。购买枝江大曲1瓶赠送果粒橙1瓶（1.25升）。

（3）白云边。购买白云边系列1瓶赠送天地壹号2瓶（650毫升）。

活动三：客房优惠

（1）凡入住本店客人每间均赠送20元餐厅消费券1张+扑克牌1副。

（2）棋牌室特惠10元/时，100元封顶。

（3）四楼单间特价房70元/间。

活动四：随园、花园携手共庆、真情大奉送

（1）凡在5月18日～6月18日期间，在随园会馆消费满500元送48元（以此类推）花园店客房20元代金券2张。

（2）凡在随园会馆消费的客人每桌均赠送扑克牌1副。

三、公益活动策划

公益活动是组织从长远着手，出人、出物或出钱赞助和支持某项社会公益事业的公共关系实务活动。公益活动是目前社会组织特别是一些经济效益比较好的企业用来扩大影响、提高美誉度的重要手段。因此酒店可以采用公益活动形式来提高影响力。具体步骤如图1-18所示。

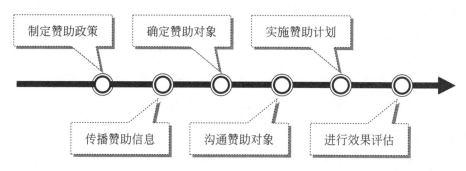

图1-18　公益活动策划的步骤

1.制定赞助政策

根据酒店的现状、目标、政策和经济能力，决定年度公益活动赞助金额，制定切实可行的赞助政策。

2.传播赞助信息

公共关系人员应该把酒店的赞助政策，通过适当的传播渠道和传播方式，传递给可能向本酒店提出赞助要求的单位。

3.确定赞助对象

（1）掌握赞助对象情况。包括赞助对象的业务内容、社会信誉、公众关系、面临问题等，以便有选择地进行赞助。

（2）了解赞助项目情况。包括项目提出的背景，对公众的影响力，花费的财力、人力与物力情况，以及操作实施过程中可能出现的困难和问题等。

（3）进行成本效益分析。即对赞助成本（酒店付出的全部财力、人力、物力）与综合效益（赞助活动可能获得的经济效益与社会效益）进行分析比较。

（4）认真确定赞助对象。酒店的赞助活动应纳入科学管理的轨道，即以酒店的公共关系目标、面对的社会环境为出发点，按照有利于酒店综合效益提高的原则，充分考虑多方面利益，协调平衡，确定赞助对象，防止盲目赞助或因个人主观感情色彩而影响赞助。

4.沟通赞助对象

已经批准确定的赞助对象，要及时通知对方，做好实施准备。对不能满足或者不能全部满足赞助要求的对象,应该坦率相告,诚恳解释原因,争取互相理解。

5. 实施赞助计划

酒店应安排专门公共关系人员或酒店专门工作班子负责赞助活动的具体实施。

(1) 负责分工落实。对整个赞助活动中的各个项目或环节,应分派具体人负责落实,各负其责,密切配合。

(2) 运用公关技巧。在实施过程中,公共关系人员应充分运用各种公共关系技巧与方法,以求最佳效果。

(3) 扩大酒店影响。赞助活动本身就是为了扩大酒店的社会影响,因此在赞助活动中,应尽量利用多种传播方式、途径,帮助主要活动的开展,扩大其影响。如利用大众传播媒介广泛宣传报道,利用广告传播烘托气氛、强化效果。

6. 进行效果评估

赞助活动完成后应进行效果评估,要总结经验,吸取教训,应注意以下几个方面。

(1) 评估公众评价与反响。

(2) 评估赞助计划完成情况。

(3) 制作赞助活动的声像资料。

(4) 写赞助活动总结。

(5) 做好新闻报道剪报资料的存档工作。

四、节假日促销活动策划

节假日促销就是指在节假日期间,利用消费者的节假日消费心理,综合运用广告、公演、现场售卖等营销手段,进行的产品、品牌的推介活动,旨在提高产品的销售力,提升品牌形象。

1. 365 节日循环图

每年365天的节日是一样的,通过图1-19所示的365天节日循环图,可以看到每个季节主要的节日。

2. 假日促销的原则

假日促销是非常时期的营销活动,是有别于常规性营销的特殊活动,它往往呈现出集中性、突发性、

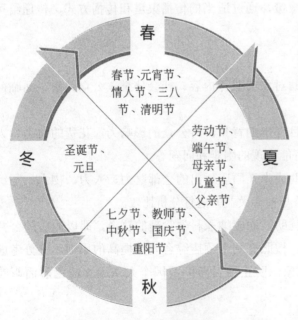

图1-19　365天节日循环图

反常性和规模性的特点。酒店要想假日促销活动做得好，还得掌握图1-20所示的原则。

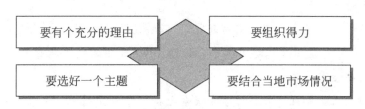

图1-20 假日促销的原则

3.假日促销的关键点

（1）提前计划。制订完善的促销计划，做起事来才不会盲目。对于经济型酒店的管理者来说，一份科学合理的促销计划，不但能够很好地指导促销活动的顺利开展，而且还能收到良好的经济效益。首先，促销可以树立形象，使店铺更好参与市场竞争。通过大型促销活动和企业形象宣传达到提高经济型酒店的知名度，扩大经济型酒店在消费者心目中的影响，获得消费者对经济型酒店认同感的目的。其次，刺激消费，增加销售额。通过采取一项或几项促销手段，推波助澜，以提高销售额。

（2）做好宣传。宣传是促销工作的前奏。"兵马未动，粮草先行"。对于经济型酒店经营者来说，在促销活动开展之前，富有成效的宣传可以引起消费者的重视，可以刺激消费者参加促销活动的欲望，进而实现促销成功。

（3）坚守诚信。诚信是实现促销活动成功的关键和保障。促销活动中，经济型酒店必须履行承诺，"说到做到，不放空炮"，承诺消费者的事情一定要给予兑现，不能"嘴上一套，做上一套"，否则不仅会直接影响促销活动的效果，而且重要的是会影响日后的经营和发展。良好的信誉是成功经营的金钥匙，失去了信誉，也就失去了生存的土壤。

（4）完善服务。做好促销服务非常重要。促销期间人员多、事情多，稍有不慎就可能在服务方面出现问题，进而造成顾客流失，使得促销活动出现不良状况。因此在促销活动中，经济型酒店经营者必须巧谋划、巧安排，既要保证促销活动的顺利开展，又要服务好顾客，保证每一位参与促销活动的顾客高兴而来、满意而归。

（5）保证安全。促销活动期间的安全工作，是每一家经济型酒店都必须重视的，千万不能有丝毫马虎。

下面提供几份经济型酒店假日促销活动方案的范本，仅供参考。

【范本】▶▶

××连锁酒店五一促销方案

××连锁酒店为了感谢客户长期以来的大力支持，在五一期间推出了"五一"黄金周优惠活动，活动时间为5月1日至3日。

在餐饮方面：

推出不同价位的经济"节日家庭套餐"，以特色菜、家常菜为主。

"五一"节当天在二楼就餐者，生日恰逢5月1日的客人（凭身份证），赠送精美生日蛋糕一个或红酒一瓶。

当天劳模来店就餐持有效证件享受菜金七折优惠，并赠送"丰收果篮"。

宴会厅消费满1000元（菜金）赠送特色菜品一份。

在客房优惠方面：

商务散客主楼普通标准间（B型）280元/间天。

商务散客主楼普通标准间（A型）300元/间天。

辅楼单人间180元/间天。

辅楼普通标准间190元/间天。

活动期间每天特推出10间200元/间天的特惠房（限2～4楼标准间）。

××连锁酒店端午节促销活动方案

一、活动主题

"融融端午情，健康××粽"

二、策划宗旨

（1）让顾客了解××连锁酒店，打消顾客对本酒店高消费的各种顾虑。

（2）丰富传统节日的庆祝氛围，刺激亲情消费。

（3）利用现有场地资源，实现多元销售，提升酒店营业额。

（4）凝聚酒店销售合力，调动全员积极性，捆绑式营业。

（5）扩大酒店知名度，加强酒店与客户联系。

三、活动时间

×月×～×日

四、公众对象

端午节来酒店的所有商旅散客、家庭以及亲朋好友。

五、活动内容

（1）酒店推出三款低、中、高档三款健康特色粽子，包装盒印刷有"××连锁酒店"店名（每款价格和品名待定），由市场部以礼品形式来向客户销售。

（2）推出一系列健康特色菜肴作为卖点向客户进行促销。

（3）相关促销活动组合

① 客房部采取"送餐饮消费券"的经营策略，每现金开房1间送50元餐饮消费券。

② 餐饮部开展如下促销活动。

a. 每桌免费赠送啤酒2瓶（活动时间：农历5月初1~5月初5）。

b. 每桌免费赠送粽子10个（活动时间：农历5月初1~5月初5）。

c. 现金消费300元以上送消费券50元（限农历5月初1~5月初5用）。

d. 推出多款特价端午菜品。

e. 以端午节文化为内容推出多款适合家庭聚会的精美实惠端午团圆宴，预定团圆宴送特价菜2款。

六、广告宣传

（1）制作精美的广告宣传单由市场部对客户进行派发、宣传，从而扩大影响，引导消费（5月16号完成宣传单的制作）。

（2）利用公众信息网和短信平台向各位新老客户发放信息，告知相关活动细则。

（3）通过店内装饰和布置进行宣传

① 用香包、艾草对餐饮部门口、走廊进行简单装饰、点缀。

② 大堂设置展台，将制作精美的××粽进行促销、售卖（从视角上吸引客人）。

③ 电梯内放置相关活动内容广告。

④ 餐饮部走廊顶上用KT板悬挂相关广告用语。

⑤ 大堂用横幅一条、玻璃框架进行相关活动细则的宣传。

⑥ 前台、客房内、餐饮包厢内放置广告宣传单。

⑦ 可考虑在××电视台图文信息中进行相关宣传。

七、完善和配套的相关工作

（1）各部门应在×月×日前对本次活动内容进行相关的讲解和培训。

（2）总办和营销部在×月×日前确定所要定购的礼品种类、数量。

（3）采购部应在×月×日前联系好包装盒、粽子供应商。

（4）消费券发放的管理由财务部制定完善。

（5）厨房部负责特色菜式、端午团圆宴的准备工作。

（6）市场部主要负责宣传单的发放和粽子的推销。

××连锁酒店七夕节活动策划方案

主题：度浪漫七夕，享温馨生活

××连锁酒店七夕节"点燃浪漫"活动正在进行中。

一、活动文案

文案一：

温馨的生活，总少不了他（她）的陪伴。

节日的浪漫，总愿为您点燃！

度浪漫七夕，享温馨生活，××连锁酒店七夕节"点燃浪漫"活动正在进行中！活动期间优惠如下。

原价340元樱花标准房，浪漫点燃价：280元！并赠送价值50元的情侣套餐！

原价420元玫瑰豪华房，浪漫点燃价：360元！并赠送价值98元的情侣套餐！

原价560元百合特色房，浪漫点燃价：460元！并赠送价值108元的情侣套餐！

（注：①"浪漫点燃价"即酒店协议价；②活动仅限本周末8月6日、7日。）

文案二：

七夕"点燃浪漫"正在进行中，280元/360元/460元即可入住首家浪漫主题酒店、免费享受几百元情侣套餐！

二、策划思路

通过富有中国本土浪漫气息的情人节与本连锁酒店"浪漫"主题的相结合，形成鲜明、易传达、富有感染力的浪漫气息，并将此迅速传达给消费者，借此能将本酒店的浪漫品牌个性灌输到消费者的记忆中，吸引消费者前来消费的同时更提升了本酒店的知名度。

针对指定消费群体，特别推出餐饮和住宿一体式优惠套餐，满足消费者和潜在消费者的节日需求，进而了解和体验本酒店的服务，建立和加深对本酒店的品牌好感与忠诚度。

三、策划目的

（1）通过七夕中国情人节传达酒店的"浪漫"品牌个性。

（2）吸引消费者前来本店体验和消费，建立和提高酒店知名度。

（3）促进酒店客房及餐饮消费，提升本店销售额。

四、方案内容

第一部分：客房和餐饮配合促销

通过客房和餐厅套餐的捆绑，组合成本酒店的七夕巨惠套餐，最后定位为七夕节浪漫点燃价，套餐详情为：原价340元樱花标准房，浪漫点燃价：280元！并赠送价值68元的情侣套餐！原价420元玫瑰豪华房，浪漫点燃价：360元！并赠送价值98元的情侣套餐！原价560元百合特色房，浪漫点燃价：460元！并赠送价值108元的情侣套餐！

第二部分：情人节布置

布置风格：以浪漫为主题，结合本酒店品牌个性，布置成唯美、浪漫风格。

以粉色、蓝色为主色调，以花、云、牛郎织女等为主要表现载体。

通过易拉宝、人形牌、多媒体和KT板将大厅和酒店门口装饰成七夕浪漫唯美风格。

五、各部门职责

1. 财务部

收取费用。

2. 餐饮部

（1）备餐，包括套餐、巧克力、玫瑰花、红酒。

（2）依据既定金额，确定菜单。

（3）餐厅的七夕节布置。

（4）回收装饰并交于营销部保存。

3. 前厅部

（1）大厅、酒楼、酒店入口的布置。

（2）回收装饰并交于营销部保存。

（3）接受顾客咨询，向顾客解释活动详情。

4. 客房部

提供相应客房并布置客房。

5. 保安部

（1）疏导交通。

（2）协助布置物料的维护。

6. 工程部

（1）满足七夕节活动中电力设施的用电需求。

（2）协助布置（有时需要高空作业）。

7. 营销/策划部

（1）确定布置调性。

（2）拟定和实施营销方案。

（3）物料设计。

（4）组织现场布置。

六、媒介宣传

1. 易拉宝宣传

介绍七夕节套餐，以浪漫唯美为基调，七夕元素为题材。设计文案：温馨的生活，总少不了他（她）的陪伴。

节日的浪漫，总愿为您点燃！

度浪漫七夕，享温馨生活，酒店七夕节"点燃浪漫"活动正在进行中！

活动期间优惠如下。

原价340元樱花标准房，浪漫点燃价：280元！并赠送价值68元的情侣套餐！

原价420元玫瑰豪华房，浪漫点燃价：360元！并赠送价值98元的情侣套餐！

原价560元百合特色房，浪漫点燃价：460元！并赠送价值108元的情侣套餐！

（注："浪漫点燃价"即酒店协议价，活动仅限周末6日、7日。）

2. 多媒体宣传

LED突出活动主题"××连锁酒店七夕节'点燃浪漫'活动正在进行中……"液晶电视和楼宇电视突出七夕气息和本次活动的优惠信息。

3. 短信群发

针对中高端消费群体发送三万条短信，传达本次活动信息。短信群发内容"七夕'点燃浪漫'正在进行中，280元/360元/460元即可入住首家浪漫主题酒店、免费享受几百元情侣套餐！"

××连锁酒店国庆节促销活动方案

一年一度的中秋国庆双节即将来临！因此为了迎合酒店消费者的需求，在节日期间对酒店进行布置，营造节日气氛，让消费者体会到酒店独特的节日氛围。据分析中秋节及国庆节对本酒店的经营会造成一定影响，因此将以回馈会员、协议客户为主，针对两个节日拟定优惠活动，力求在双节期间保持并提升酒店出租率。

一、活动时间

××××年10月1日至10月7日。

二、活动主题

乐，国庆长假游；享，温馨便捷驿站。

三、活动对象

协议客户、会员、家旅。

四、活动内容

（一）第一时间段（国庆头三天）

××××年10月1日至10月3日

（1）凡国庆节入住过夜房，均赠送旅行水杯一个。

（2）凡国庆节当晚入住的会员、协议客户，可享受房间免费升级，仅限国庆节当晚。

（3）国庆当晚推出特价房189元/间夜，享受商务房间一晚，并赠送双份自助早餐。

（二）第二时间段（国庆后四天）

××××年10月4日至10月7日

（1）活动期间入住，散客均赠送30元代金券（送早餐）一张，仅限下次使用。

（2）活动期间，会员、协议客户提前预订，房间均赠送果盘一份。

（3）活动期间入住，每房间均赠送小礼物一个（使用七夕情人节剩余小礼物）。

（4）国庆节期间，入住10间夜以上，可享受团队价格普通间90元/间夜（含早餐）。

（5）凡在活动期间入住休闲房，均可获赠爽口小礼包（香糖、杰士邦）。

五、装饰装点

（1）酒店门前摆放盆景，营造国庆节的喜庆氛围。

（2）酒店门口悬挂国旗。

六、宣传方式

（1）酒店大堂内、楼层摆放国庆节期间宣传展板。

（2）LED显示屏宣传国庆节长假期间宣传活动。

（3）酒店微博、各论坛进行网络宣传。

（4）针对协议、会员客户及周边商户，发送短信1条。

（5）提前给各大旅行社发酒店优惠包价，争取团队接待。

七、活动预算

略。

五、企业文化活动策划

企业文化活动是指企业根据企业经营、发展的需要，结合企业员工的需要和特点所开展的各种文化活动。

1. 企业文化活动的范畴

企业文化活动的范畴如图1-21所示。

范畴一	为提高企业员工的文化素质和劳动技能开展的学习培训活动
范畴二	为开发企业员工智力，培养员工的创造性和成就感，开展的技术创新活动
范畴三	为培养和提高企业员工艺术审美水平和艺术创造能力开展的文学艺术活动
范畴四	为丰富企业员工的精神生活，陶冶员工情操的娱乐活动
范畴五	为培养企业员工拼搏精神，增强体质开展的体育竞技活动
范畴六	为使员工增强对企业的感情，加深对企业福利环境和文化氛围的依恋，开展的福利性活动
范畴七	为使员工树立起主人翁意识，强化和确立共同理想与企业意识开展的思想性活动

图1-21 企业文化活动的范畴

2. 办好员工生日会

许多企业都举办过员工庆生会，要办好员工庆生会，以下几点比较关键。

（1）领导重视，赠精美小礼物或亲自到场祝贺。

（2）庆生会形式不拘一格，以突出对员工更多关心、温馨、快乐感恩为主。

（3）花小钱办大事，礼轻情意重，重在创意，办出特色。

比如，生日蛋糕、贺卡、活动流程、领导祝福、互动感恩游戏等，用心去设计，能收到意想不到的效果。

（4）做好活动前期策划和氛围铺垫及活动结束后的延伸宣传报道，活动中融入更多企业文化元素，增强员工之间的互动交流，促进更融洽的组织氛围。

（5）多听取员工们的意见，不断改进举办方式，办员工喜欢的庆生会。

做好以上几点，再加上用心和细心，就能办好员工庆生会了。

3. 组织团队拓展活动

说起团队拓展活动，大家都很熟悉，其中的各类团队拓展训练项目、活动、游戏等也都玩得多了。如何组织好这类活动的开展，概括起来大致有以下几点。

（1）分析团队现有问题和需要提升的方面，选择好的拓展培训机构。

（2）为了更切合需求和有针对性，要与拓展培训教练或讲师一起讨论设计拓展训练方案，包含训练方式、项目、课程及流程安排等。

（3）让参加员工带着任务和作业去培训，培训结束后要按期完成作业。

（4）做好分组讨论的组织，尤其是讨论的案例和问题点提前准备好（从实际工作中提炼而来），组织者和教练要做好讨论主题的引导和把控。

（5）不搞两三天热度，要将拓展学来的团队精神用到实处，比如写训练心得总结、定期检讨和反馈后续团队合作问题改善与提升状况。

（6）扩大活动影响效果。活动结束后，将活动中的精彩花絮、照片、感人事迹、训练总结等在公司宣传栏、内刊上等宣传报道。

4. 举办员工技能或业绩比赛

员工技能或业绩比赛包括各种技能比武、业绩比拼。如何举办好这类比赛，大致有以下几个重点。

（1）结合企业经营需要，通过办比赛训练和选拔人才，同时提振团队士气，提高生产及销售业绩。

（2）积极宣传、营造气氛，号召和鼓励更多员工参与，形成一种人人参与比赛，你追我赶的良好竞赛氛围。

（3）制定严格的评比规则、标准和公平公开透明的评比程序，选择合适公正的评委。

（4）对比赛中优胜者（个人和团队）进行表彰和奖励，同时对所有参赛者进行鼓励，并对比赛活动进行全面的宣传造势及报道。

（5）活动结束后的后续跟进。请获胜者分享好的心得和经验技巧，组织相关的培训以提升整个团队成员的技能。

（6）另外一些品牌特色比赛项目可年年举办，成为企业自身的特色，同时也增加或创新一些新的比赛活动，以激活整个团队的正能量。

综上所述，重点解决和执行好以上几点，员工技能或业绩比赛就能办出特色和效果来了。

5. 企业文化活动典型问题与对策

不同企业的企业文化活动组织和举办会有不同的问题，一般来说，会存在以下几个典型问题。

（1）企业活动经费有限，或者老板和领导不重视这块，导致没有员工文化活动或较少。

（2）活动老套或不够有吸引力，员工参与度不高。

（3）活动举办容易走两个极端，一个是偏行政刻板，缺少活力和激情，员工迫于应付；一个是偏娱乐化，员工参加只是好玩，热闹一番后毫无意义，偏离了活动举办宗旨和初衷。

（4）活动举办无论从方案策划、组织安排、细节关注等方面都做得不够好，以致活动效果大打折扣，突显出身为活动的组织者HR本身的活动组织能力有待提升。

（5）活动结束后的宣传报道和后续效果跟进落实及扩大上，普遍也力不从心，有待重视和加强。

不同的问题有相应不同的解决办法，只要努力去做，终会有改善和提升的。员工文化活动不能为了活动而活动，而是要上升到企业文化建设层面去思考和组织，跟企业文化价值观宣导结合在一起，这样的活动才更有意义，才是值得举办的。

下面提供一份××快捷酒店员工春节联欢活动方案的范本，仅供参考。

【范本】▶▶▶

××快捷酒店员工春节联欢活动方案

为了提高员工企业归属感，增强酒店员工凝聚力，鼓舞酒店员工士气，丰富员工业余生活，经酒店研究决定，于_____年1月15日举行第一届员工新春联欢会，具体如下。

一、活动主题

放飞梦想希望无限（活动前背景音乐"超越梦想汪正正"）

二、活动时间

_____年____月____日下午3:00。

三、活动地点

本酒店2号宴会厅。

四、参与对象

××快捷酒店全体人员。

五、活动主持人

×××、×××。

六、活动流程

第1个环节——携手××快捷酒店风雨同程（播放背景音乐）

本环节主要内容：

（1）展示酒店（可介绍酒店或酒店未来的发展方向）。

（2）新春寄语（员工入场时投入已经准备好的抽奖箱中，每个员工为自己、家人、朋友或公司写下一句祝福，号码由行政部提前发放到员工手中，以便于最后抽奖）。

（3）公司高层致辞。

（4）大型歌舞节目一个。

（5）介绍酒店的员工情况（××××年度酒店感动人物及优秀员工事迹，建议参照感动中国的颁奖程序，有颁奖词、颁奖嘉宾及影像资料）。

第2个环节——感动时刻　温情常在（背景音乐"感动、不能没有你"）

本环节主要内容：

（1）庆祝近段时间员工生日。

（2）回顾酒店筹开军训培训影像资料。

（3）节目两个。

第3个环节——青春无限　梦想飞扬（背景音乐"想唱就唱"）

本环节主要内容：

（1）节目三个。

（2）互动游戏（团结协作型"因为有你，我的世界更精彩"）。

第4个环节——激情荡漾　畅想明天（背景音乐"我相信"）

本环节主要内容：

（1）传递快乐心情（现场传动一支话筒，由主持人随意叫停，如话筒在谁手里，由他说出对酒店想要说的话，并参加现场抽奖，现场堆放数个气球，里面有不同的奖品，也可能是惩罚等）。

（2）放飞希望（抽奖，由现场的观众抽取6名幸运者，一等奖1名，二等2名，三等奖3名）。

七、活动准备工作

行政部：主要负责本次活动规划、预算、组织、协调各部门。

培训部：协助行政部完成本次活动，负责对活动整体策划、节目选定、化妆费、服装费等发生的相关活动费用报账工作。

工程部：活动当天14:00前完成音响灯光调试，2个无线麦克风、2个有线麦克风、2个麦克风架，负责活动现场背景音乐和员工节目音乐播放。

餐饮部：负责活动当天14:00前场地布置完毕（绿色植物、彩带等）。

出品部：负责当天出品整个流程。

采购部：负责1月12日前将奖品、气球、食品购回，采购一只活猪。

市场销售部：负责协调拍照、新闻稿、国际宴会厅背景写真制作及外围宣传。

八、奖品设置

一等奖1名（500元）

二等奖2名（100～200元）

三等奖3名（50元）

现场参与奖100名（10元）

九、费用预算

略。

十、其他

各部门员工因工作需要不能参与本次活动的预计有50～80人，将给予100元补贴（主要为前厅部、安全部、餐饮部）。

第二章
经济型酒店运营

> **导言**
>
> 目前来看，酒店竞争日渐激烈，同质化十分严重，因此如何进一步提高酒店的核心竞争力，就成了酒店运营最重要的任务。而提高酒店管理水平，创新酒店管理模式，是酒店赢得竞争优势的基础。

第一节 前台管理

前台是经济型酒店组织客源、销售客房商品、组织接待和协调对客服务，并为客人提供各种综合服务的部门，它是整个经济型酒店服务工作的核心，是管理的关键部位，其运行的好坏将直接影响经济型酒店的整体服务质量、管理水平和自身形象。

一、客房状态的控制

客房状态的控制主要是指对客房状态的定时检查、核对和分析，通过与客房部合作、沟通和协调，及时发现并解决问题，保证客房销售和对客服务顺利完成。

1. 客房差异状态

前台记录显示的客房状态同客房部查房结果不相符的情况叫作客房差异状态。客房差异状态有两种，一种叫逃账房，另一种叫沉睡房。逃账房指前台显示为住客房，而客房部查房报告则显示为空房；沉睡房则恰好相反，前台显示为走客房或空房，而客房部则发现房内有人。

为了防止客房差异状态的出现，应采取图2-1所示的措施。

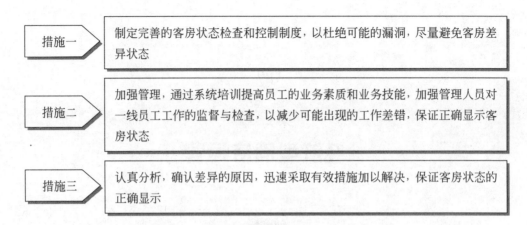

图2-1 防止客房差异状态出现的措施

2. 房态控制

现如今,大多酒店都会使用专用的酒店管理系统来控制房态,其房态变更和转换过程是实时和自动的,屏幕显示直观、一目了然。但还是需加强房况控制信息的沟通。

(1) 销售人员、预订人员、前台接待员之间保持信息沟通顺畅,并及时调整、纠正偏差,确保客房预订显示系统的准确性。销售人员、前台接待根据季节和市场需求变化,以及酒店制定的推销、促销活动的开展情况,及时研究客房销售的预测、政策、价格等问题;尤其在旺季,还应就团体客人、散客预订客房的占用比例达成一致意见,保持最佳客房出租率和理想的平均房价,以求获得最佳的经济效益。

(2) 前台接待将每天实际出租房间数、临时取消、预订未到、换房、提前离店、延期离店等信息填入客房状况调整表,并提供给销售预订员,预订员根据该表格更新、补充、取消预订汇总表相关内容,为准确预测未来的出租率奠定良好的基础。

(3) 客房部、前台接待之间保持信息沟通顺畅,以掌握各种客房状态的变更和差异,并及时纠正偏差,确保客房现状显示系统的准确性。前台接待及时将客人入住、换房、离店等信息通知客房部;客房部将客房的实际状况信息反馈给接待处,双方按时进行核对,并实施房况控制。另外双方还可以就客人特殊要求、客房维修计划、保养维护计划等事项进行及时沟通,使客房始终处于设备完好率高、卫生清洁、配置用品齐全等使客人满意的待租和使用状态。接待员在客人入住后及时建立客账;客人住店期间的住房变化也要以变更单、换房表等形式表示。客人离店后立即通知客房部,由客房部及时安排走客房的卫生清扫,尽快使客房进入待租的状态中。

3. 客房状况的转换与核对

现时的客房状况总是在不断变化的,这就要求接待处要随时掌握客房动态,及时传递房态变化的信息。

(1) 入住。客人在办理完入住登记手续后,接待员应立即制作客房状况卡条,将

"空房"改为"住客房",或将资料输入计算机,完成计算机系统的房态变更。因此这项操作不能粗心大意,否则就会影响客房状况控制的准确性。

(2)换房。换房有两种可能,一种是由住客提出,另一种是酒店自身要求。例如,住客未按时离店,也可能由于需集中排房而向客人提出换房。因此必须慎重处理,并按换房服务操作手续进行换房。

(3)退房。为客人办理完结账和退房手续后,应立即通知客房部,同时改变客房状态。采用计算机管理系统的酒店,此项工作可实现将房态由已结账房到待清扫房的自动转换。

(4)关闭楼层。酒店根据淡季时接待客流量下降、降低能耗和物耗、计划维护设备、组织人员培训等经营需要,关闭部分客房和楼层。接待员应在接到准确的指令后,在计算机或客房状况架中及时进行调整。

(5)核对房态。由于前台的工作量较大,而且客房状态经常处于变化之中,虽然酒店可以通过计算机进行查询,掌握客房的现时状态,但是由于工作可能出现差错,造成前台接待的房态与客房实际房态不符,因此必须进行房态的核对,以防止重复售房等现象的发生。

二、客房销售

1.成功推销客房的前提

(1)制定有针对性的推销策略。对于前台接待人员来说,服务对象是复杂的,要在接待过程中成功地将客房及酒店其他产品推销给客人,应先识别客人,了解不同类型客人的需求,据此制定出有针对性的推销策略,以吸引客人。常见的推销策略有散客推销策略、商务推销策略、旅行社系列推销策略以及会议、团体推销策略。

(2)制定灵活的价格策略。价格是酒店参与市场竞争的主要手段之一,制定合理而灵活的价格政策是酒店在竞争中取胜的关键。常见的价格策略有常客价、会员价、批量价、季节价和机会价等。

2.前台人员推销客房的要领

(1)必备知识。推销酒店不仅要对客房设施熟悉,还要对该地区的旅游景点、旅游吸引力以及名胜古迹、风味小吃等熟悉,并详细告诉客人,向客人推销。介绍好的旅游景点可以延长客人停留的时间。

(2)努力争取客源。要努力争取客人再来酒店入住。假若本酒店是属于某连锁经济型酒店集团下的一个分店,要向客人推荐和介绍本连锁酒店集团,办理客人到下一旅游目的地的连锁分店,这样既方便了客人又能较好地控制客源流向。

(3)了解客人通常问的问题。客人通常问的问题包括下列内容。

① 这里最近的教堂在什么地方?

②你能为我叫一辆出租车吗？
③这里最近的购物中心在什么地方？
④我要去最近的银行，从这里怎么走？
⑤我要去看电影，怎么走？
⑥本酒店办理离店结账是什么时间？
⑦哪里有比较好的中国餐厅、墨西哥餐厅、法国餐厅？
⑧洗手间在哪里？
⑨附近有旅游景点吗？

（4）建立信息库。前台员工要有广博的知识，同时也要建立实用信息库，人手一份，当被客人问到回答不出来的问题时，是很尴尬与失礼的，甚至会影响酒店声誉。

（5）必知问题。掌握有关店内设施及当地情况的业务知识，以便客人提问时能很有礼貌地予以详细回答，并且推销酒店服务。如酒店各项服务的营业或服务时间；车辆路线、车辆出租公司、价格等；航空公司的电话号码；地区城市地图；本地特产；名胜古迹等。

（6）推销客房。推销客房时要建立在可以实现的基础上，必须用令人信服的语言来表达、描述给客人提供选择的客房和下榻场所的情况，充分介绍酒店的客房及各种服务设施与服务项目。

小提示：

在实际推销中要特别注意给客人提供的客房等级要符合客人的实际情况，并不一定要先向客人推销高价房间。前台人员不能与客人进行讨价还价，而是要按照酒店公布的报价来推销。

（7）与客人建立良好的关系。客人到店时应向客人表示欢迎，并向客人介绍本酒店的情况。客人有疑难，要及时帮助排忧解难，若客人因某种原因改变住店计划，也应热情地为他介绍别的酒店，有的客人需要酒店资料或者了解情况，要热情接待尽量满足他们的要求，要认识到他们是酒店的客人或未来的客人，要给他们留下良好的印象。

三、客账的处理

1. 账户的建立

只要有客人入住酒店或享受酒店提供的服务，前台接待员就要为客人建立账户。账户是在客人进入酒店后记录客人预付款和消费情况的账单。账户通常分为散客账户、团体账户、临时账户。现在酒店的账户直接在电脑中设置。

2. 记账

为客人建立账户后，即开始记录客人住店期间的一切费用。客人的房租采取按天累计的方法每天结算一次，其他各项费用，如餐饮、洗衣、长途电话等项目，除客人愿在消费时以现金结算外，均可由客人签字后由各有关部门将其转入前台收银处，记入客人的账户。因此要求记账准确，客人姓名、房号、费用项目和金额、消费时间等应清楚，并和客人账户记录保持一致。

3. 转账

由于客人在酒店逗留期较短，发生的费用项目多，又可能随时离店，所以要求转账迅速。各业务部门必须按规定时间将客人签字认可后的账单送到前台，以防跑账、漏账的现象发生。若采用计算机收银系统，客人在店内的任何消费，只要收银员将账单转入收银机，计算机即可同时记下客人当时的转账款项，极大地提高了工作效率。

4. 特殊情况的处理

特殊情况通常有以下几种，处理方式如下。

（1）超时离店。超时离店指过了结账的时间（按国际惯例，结账时间一般为当日中午12:00）客人仍未结账。此时应婉转地提醒客人，超时离店酒店会加收房费，如18:00以前结账者，加收1/2房费；18:00以后结账的，则加收全天房费。

（2）结账时出现变更情况。指客人在退房结账时才提出要折扣优惠，而且也符合酒店的优惠条例，或者结账时前台才发现该客房的某些费用是因为输入错误所致。此时前台应填写一份"退款通知书"（一式两联，一联交财务部，一联留存前台收银处），由值班经理签名认可，并要注明原因，最后在计算机中将差额做退账处理。

（3）住店客人的欠款不断增加。有些客人在住店期间的预付款已经用完，还有的客人入住酒店后很久未决定离店日期，而其所欠酒店账款不断上升。为防止客人逃账，或引起其他不必要的麻烦，酒店通常要催促客人付款，可用电话通知（注意语言艺术），也可用书面的"催促信"，将客人房号、姓名、金额、日期填妥后放入信封，交接待处放入钥匙架内。一般客人见此通知后会主动前来付款；若遇客人拒绝付款时，则应及时交值班经理处理。

（4）账单由其他人代付。当住客的账单由其他住客支付时，为防止漏收发生，通常要在交接记录上注明，并在这两位客人的账单上附上纸条，以免忘记。

四、客史档案建立与管理

1. 建立客史档案的原则

客史档案以客史档案卡的形式出现。

（1）客史档案卡是对住店一次以上的客人，按其一定的顺序排列的索引卡，采取"一客一档"和"一团一档"，专指性强，查阅方便，检索准确率高。

（2）客史档案卡的排列严格按照一定的顺序，可边形成边排列，逐户积累，插入取出自由，还可以随时增减。

2.客史档案的内容

客史档案的内容如表2-1所示

表2-1 客户档案的内容

序号	项目	内容
1	常规档案	常规档案包括客人姓名、性别、年龄、出生日期、婚姻状况以及通信地址、电话号码、公司名称、头衔等。收集这些资料有助于了解目标市场的基本情况,了解"谁是我们的客人"
2	预订档案	预订档案包括客人的订房方式、介绍人、订房的季节、月份和日期以及订房的类型等。掌握这些资料有助于酒店选择销售渠道,做好促销工作
3	消费档案	消费档案包括报价类别、客人租用的房间、支付的房价和餐费以及在商品、娱乐等其他项目上的消费;客人的信用情况、账号,喜欢何种房间和酒店的哪些设施等,从而了解客人的消费水平、支付能力、消费倾向、信用情况等
4	习俗、爱好档案	这是客史档案中最重要的内容,包括客人旅行的目的、爱好、生活习惯、宗教信仰和禁忌,住店期间要求的额外服务。了解这些资料有助于为客人提供有针对性的"个性化"服务
5	反馈意见档案	反馈意见档案包括客人在住店期间的意见、建议、表扬和赞誉,投诉及处理结果等

3.客史档案资料的主要来源

客史档案资料主要来源有订房单、登记单、客账单、投诉及处理结果的记载资料、客人意见征求书以及其他平时观察和收集的记录资料。但是客史档案的资料信息收集工作光靠前台人员来做是不够的,还必须依靠酒店各有关部门和接待人员的大力支持与密切配合。

为了做好这项工作,还必须采取相应的措施。首先,要把这项工作纳入有关部门和有关人员的职责范围之内,使之经常化、制度化。其次,通过宣传教育,增强有关人员的档案意识,使他们能够主动配合档案人员做好客史档案的收集和积累工作。由于客史档案的内容与前台的业务关系比较密切,所以往往是前台负责此项工作。

4.建立客史档案的方法

(1)档案卡。最常见也是最简便的做法是用图表形式,在前台客人住宿登记单的背面记录客人来店次数、住宿房号、同来店人数、支付的房价及方式、开房员姓名。图表中应留有空白,以便填写评语等信息。

(2)电脑存档。将各种住客资料用电脑储存起来,需要什么信息随时调用,使用方便,而且储存量大。

(3)客史档案系统排列。按照客史档案形成的特点和规律,采用一定的方法进行科学的系统排列,以保持客史档案的内在联系,便于保管和利用。

5.客史档案的管理

经济型酒店的客史档案管理工作一般隶属于前台,但信息的收集工作则要依赖于酒店各服务部门,所以这项工作必须依靠酒店全体员工的努力。客史档案的管理工作主要有以下几项。

(1)分类管理。除了对客人本身的资料分门别类地予以整理外,还要对客人作出类群的划分,根据客人的来源地、信誉度、消费能力、满意度等进行分类,这是客史档案管理的基础。

(2)有效运行。客史档案的归档工作程序为:先由各收集区域将信息传递至各部门文员处汇总、整理,再传递至客史档案管理中心,由中心统一建立内部电脑信息资料库供各部门随时查阅。对于初次入住的客人,当即建立客人的档案,并及时传递给各部门;对入住的常客,则需调用以往的记录,提供有针对性的服务。

(3)定期整理。为了充分发挥客史档案的作用,酒店应每年系统地对客史档案进行一两次检查。酒店要制定完善的反馈及更新机制,注重信息的及时性与准确性,做好日常检查,及时添加客人的信息或者删除无用的信息。

第二节 客房管理

客房是经济型酒店的基本设施,是经济型酒店为客人提供外出旅行投宿、暂时居留服务的主要部门。客人在酒店的大部分时间都是在客房度过的,客房服务质量的好坏,包括服务态度是否热情、房间是否清洁、设施是否完善等,都会引起客人的评论,它是构成客人对酒店印象的重要组成部分。

一、保洁项目及周期的安排

不要以为是经济型酒店所有的工作都可以简便。对于经济型酒店而言,宾客对住房的清洁和舒服要求还是比较高的,所以客房和公共区域的保洁非常重要,对此需要做统一的安排。

下面提供一份某知名经济型酒店客房保洁服务标准的范本,仅供参考。

【范本】▶▶

某知名经济型酒店客房保洁服务标准

1.客房部分

客房保洁服务标准见下表。

客房保洁服务标准

周期	序号	项目	标准
每天一次	1	客房地毯吸尘/客房地板清洁	清洁后及时将家具复位
	2	客房墙角和地脚线清洁	
	3	客房家具清洁	清洁时注意家具的质量与使用情况
	4	客房吊灯和台灯清洁	使用干抹布清洁
	5	客房墙画清洁	擦灰时同时进行
	6	电话清洁	及时清洁电话机上的污迹、茶迹、咖啡迹
	7	电视机清洁	使用干抹布清洁
	8	卫生间地面墙面清洁	
	9	卫生间防滑垫清洁	
	10	房号牌及门锁	清洁发亮,不要擦掉数字上的颜色
每周一次	11	客房墙面清洁	可用抹布蘸稀释的清洁剂擦拭污迹
	12	电话消毒	清洁剂、酒精不要滴入电话内
	13	卫生间灯具清洁	注意对灯具的水迹与小垃圾的清除
每半个月一次	14	客房玻璃窗清洁(内面)	清洁干净明亮、注意安全
	15	客房窗帘架清洁	清洁、无污渍、无蜘蛛网、注意安全
	16	客房床底清洁	打扫VD房时,必须清除床底杂物
	17	分体空调清洁	注意安全
	18	卫生间顶面、墙面清洁	注意对墙砖缝的清洁
	19	卫生间排风口清洁	注意对排风效果的检查
	20	清洁电线与电源座	一定要在断电的情况下进行清洁
每月一次	21	客房玻璃窗清洁(外面)	清洁干净明亮、注意安全
	22	客房顶面清洁	清洁、无污迹、无蜘蛛网
	23	客房床垫清洁	铺床时同时进行
	24	客房顶灯和壁灯清洁	明亮、无灰、灯罩内无垃圾
	25	分体空调过滤网清洁	清洗、晾干后方可放回
	26	卫生间地漏喷药消毒去味	经常往地漏内浇灌热水
	27	马桶水箱	清洁时注意将水箱盖置在安全的地方
	28	浴帘	按客房数备用5%的浴帘,每月循环清洁一次
每三个月一次	29	客房窗帘清洗	注意安全,保管好窗帘钩
	30	客房家具打蜡保养	将家具蜡均匀地喷洒在抹布上擦拭家具
	31	客房床垫翻转周期	做好床垫标记,每季度第一月完成
	32	客房床罩清洗	
	33	卫生间金属饰面上光保养	不能用带钢丝的百洁布擦拭
	34	客房地毯清洗保养	严重污迹要做去迹处理,发现污迹及时清洁

2.公共区域

公共区域保洁服务标准见下表。

公共区域保洁服务标准

周期	序号	项目	标准
每天一次	1	酒店门厅玻璃清洁	
	2	大堂地面清洁	
	3	电梯内日常清洁	
	4	走道地面清洁	
	5	走道脚线清洁	
	6	公共区域指示牌清洁	
	7	烟筒清洗	
	8	绿化清洁	
每周一次	9	大堂墙面和墙角清洁	
	10	电梯内顶面清洁	
	11	走道墙面和墙角清洁	
	12	绿化养护	
每半个月一次	13	大堂客人休息沙发外套清洗	
	14	电梯内金属面上光	
每月一次	15	酒店门厅金属面上光	
	16	大堂顶面清洁	
	17	大堂顶灯或吊灯清洁	
	18	走道顶面和顶灯清洁	
每两个月一次	19	大堂地面抛光保养	
	20	公共卫生间金属饰面上光	

3.清洁设备

清洁设备保洁服务标准见下表。

清洁设备保洁服务标准

周期	序号	项目	标准
每天一次	1	吸尘机清洁	
	2	工作车保洁	
	3	清洁工具清洁	
每月一次	4	吸尘机保养	

二、客房服务工作效率的管控

工作效率对经济型酒店而言相当的重要,试想一下,如果有两个客房服务员,一个效率高一天能做房18间,而一个效率低一天只能做房12间,其间差别有多大。为了确保员工的工作效率,同时体现其公平性,就必须制定服务效率的标准,也就是对员工各个工作项目的时间制定一些标准。

下面提供一份某知名经济型酒店客房服务标准的范本,仅供参考。

【范本】▶▶

某知名经济型酒店客房服务标准

序号	项目	标准值	单位/分钟	说明
1	散客查房	3.0		
2	团队查房	8.0		以5间房为准
3	客房服务时间	4.0		提供客人物品等服务时间
4	客房维修处理时间	8.0		可及时处理的维修时间控制
5	标准间保洁时间(VC房)	10.0		干净空房,平均每人
6	标准间保洁时间(OC房)	20.0		住客房,平均每人
7	标准间保洁时间(CO房)	30.0		走客房,平均每人
8	单人间保洁时间(VC房)	10.0		干净空房,平均每人
9	单人间保洁时间(OC房)	20.0		住客房,平均每人
10	单人间保洁时间(CO房)	25.0		走客房,平均每人
11	豪标房间保洁时间(VC房)	15.0		干净空房,平均每人
12	豪标房间保洁时间(OC房)	30.0		住客房,平均每人
13	豪标房间保洁时间(CO房)	40.0		走客房,平均每人
14	长包房保洁时间(LTC房)	15.0		标准间,平均每人
15	主管查房	6.0		标准间,平均每人

三、客房设备的管理

1. 客房设备日常管理

（1）要加强对员工的技术培训，提高他们的操作技术水平，懂得客房部设备的用途、性能、使用及保养方法。

（2）要培养客房服务员爱护设备的自觉性和责任心，鼓励员工不仅要高质量、高水平地搞好服务接待工作，而且还要把客房设备保养好、管理好。

（3）客房服务员要按规程对客房设备进行日常的检查与维护保养，发生故障要及时与有关部门联系进行修理。如遇客人损坏设备，要分清原因，适当索赔。

2. 客房设备保养与维护

不同的经济型酒店其客房保养与维护计划虽然有所不同，但基本上可分为定期与不定期两类。而其中定期又可分为每周、每月、每季及每年的周期计划。

（1）客房保养与维护计划的安排。设备的保养分为定期保养及不定期保养。不定期保养须视情况、季节而决定。原则上执行各项保养维护的工作，最好利用住房率较低的时候进行。

① 先由店长会同客房主管或领班共同拟订"客房保养计划表"，表上须列明保养项目、保养日期、保养人及预定保养完成日期。

② 保养工作由客房主管依"客房保养计划表"通知相关人员进行保养，并由领班负责监督完成情况。

③ 保养完毕，领班检查无误后在"客房保养计划表"上签名，交主管抽检。

（2）保养工作重点。保养工作的重点有下列项目。

① 各项家具及备品。窗帘、地毯、窗台板、踢脚板、浴室抽风盖板、衣柜门等。

② 各项工具用品。吸尘器、吹风机、工具箱、工作车、备品车、预备床等。

③ 其他。电视机、各类用具保养等。

四、客房布件的控制

1. 客房布件存放

（1）存放规定要求。在用布件除客房里有一套之外，楼层布件房应存放多少、工作车上要布置多少、中心布件房要存放多少，各种布件的摆放位置和格式等，这些都要有统一的规定，这样员工就有章可循。平时只要核对一下数量多少就可知道有没有发生差错以及用起来够不够，工作效率得到了提高，员工的责任心也会随之加强。

（2）存放应具备的条件。客房布件应存放在一个合适的环境中，不管是楼层布件房、中心布件房还是备用布件房，都应具备图2-2所示的条件。

条件一	具有良好的温度和湿度条件。库房相对湿度不能大于 50%，最好控制在 40% 以内；温度以不超过 20℃为宜
条件二	通风良好，以防微生物繁衍
条件三	墙面材料应经过良好的防渗漏及防霉蛀预处理，地面材料最好用 PVC 石棉地砖
条件四	在安全上，房门应常锁，限制人员的出入，并要做经常的清洁工作和定期的安全检查，包括有无虫害、电器线路是否安全等
条件五	布件要分类上架摆放并附货卡。布件库不能存放其他物品，特别是化学药剂以及食品等
条件六	对长期不用的布件应用布兜罩起来，以防止积尘、变色。否则严重的污染可能导致布件领用后难以洗涤干净

图2-2　客房布件存放应具备的条件

2. 客房布件收发

客房布件的收发不仅指收发的数量，还包括对质量的控制。

（1）送多少脏布件换多少干净的。不管是楼层或餐厅，送来多少应填表列明，洗衣房收到货给予复算后签字认可，便可去中心布件房领到相同品种和数量的干净布件。

（2）超额领用需填单。如果使用者需要超额领用，应填写借物申请并经有关人员批准；如果中心布件房发放布件有短缺，也应开出"布件欠账单"以作为归还凭据。

3. 客房布件报废和再利用

（1）使用年限已到的布件。为了维持水准和利用残值，应及时淘汰旧的、更换新的。

（2）进行大规模统一调整而作更换的布件。这类报废布件应该很好地给予利用。

（3）布件破损或沾上污迹后无法清除的布件。

① 布件报废应定期并分批进行，以便分散工作量并保持布件的质量水准。

② 布件报废应有核对审批手续，一般由中心布件房的员工核对，客房主管审批并填写报废记录。

③ 报废布件要洗净、捆扎好之后再集中存放。

④ 根据布件具体情况，报废布件可改制成小床单、抹布、枕套或盘垫等。

4. 员工使用布件控制

员工中极易发生以下现象：客房布件充作抹布或餐厅的餐巾握在厨师手中等，甚至有的员工将客用毛巾占为己有。对于前一类现象，应加强监督和培训，并保证有充足的抹布供应；而对后一种做法，一定要严肃处理以绝后患。

5.布件洗涤管理

洗涤的程序、时间、温度和洗涤剂的使用是影响布件质量的几个主要方面。此外还要做到脏布件不过夜和湿布件优先处理，熨烫烘干也要把好关，以免布件外观和内在质量下降。

（1）新布件应洗涤后再使用。这既是清洁卫生的需要，又有利于提高布件的强度，并为使用后的第一次洗涤带来方便。

（2）洗净的布件。刚洗涤好的布件应在货架上放置一段时间以利其散热透气，这样可以延长布件的使用寿命。

6.布件盘点

（1）盘点类别。客房盘点工作通常是三个月或半年一小盘，一年一大盘。

（2）组织部门。小盘点由客房部自行组织，大盘点往往有财务部参加或由财务部统一组织。

（3）盘点要求。盘点前要计划好准确日期和具体时间，预先发出通知以便到时暂停布件的周转并清点出各处布件的准确数量；盘点过后应制作统计分析表并存档。对于盘点发现的问题要及时地给予解决，使盘点真正起到促进工作的作用而不是流于形式。

7.备用布件管理

（1）备用布件的购买。备用布件一次不宜购买太多，存放时间太长会使布件的质量明显下降。

（2）备用布件的使用原则。备用布件应遵循"先进先出"的原则投入使用。最好能在布件边角上做A、B、C之类的标记以表明其投入使用的批次，这样不仅有利于跟踪分析其使用状况，还方便了布件的定期更新换代工作。

（3）建立备用布件储量卡。把新布件存在财务部库房中，建立备用布件储量卡，可供客房部随时了解现存布件的品种与数量，并可根据现有布件的使用及补充情况，提出布件采购申请或计划。

五、客用品的控制

1.客用品的发放

客用品的发放应根据楼层小库房的配备定额明确一个周期和时间，这不仅方便中心库房的工作，也是促使楼层日常工作有条理以及减少漏洞的一项有效措施。

在发放日期之前，楼层领班应将其所管辖楼段的库存情况了解清楚并填明领料单。凭领料单领取货物之后，即将此单留在中心库房以便作统计用。

2. 客用品的日常管理

客用品的日常管理是客用品控制工作中最容易发生问题的一环，也是最重要的环节。

（1）控制流失。客用品的流失主要是员工造成的，因此做好员工的思想工作很重要；同时还要为员工创造不需要使用客用品的必要条件。如更衣室和员工浴室应配备员工用挂衣架、手纸或香皂等。另外要随时锁上楼层小库房的门，工作车要按规定使用，控制酒店员工及外来人员上楼层，加强各种安全检查和严格执行各项管理制度。

（2）每日统计。在服务员完成每天的客房整理之后，应填写一份主要客用品的耗用表。最好还要将整个客房部的楼层客用品耗量作汇总备案于"每日房间卫生用品耗量表""每日楼层消耗品汇总表"。

（3）定期分析。一般情况下，这种分析应每月做一次。其内容有如下几项。

① 根据每日耗量汇总表制定出月度各楼层耗量汇总表。

② 结合住客率及上月情况，制作每月客用品消耗分析对照表。

③ 结合年初预算情况，制作月度预算对照表。

④ 根据控制前后对照，确定每房每天平均消耗额。

第三节 工程管理

工程管理的最终目的是要为酒店营造一个良好的硬环境，确保各项设施设备正常运转，并做好节能降耗工作，尽可能地降低经营成本，以实现经济型酒店真正意义上的"经济"。

一、设备的使用管理

目前许多酒店的设备管理处于一种无序的状态：一方面，酒店各部对设备管理不力；另一方面员工不按照正确的方法使用和维护设备，造成设备故障频发。为了能保证酒店的正常经营，必须采取以下措施进行设备管理。

（1）每台设备必须编写操作（使用）规程和维护规程，作为正确使用维护的依据。

（2）在使用任何一台新设备或新员工独立操作以前，必须对设备的结构性能、安全操作、维护要求等方面的技术知识进行教育和实际操作培训。

（3）值班经理会同工程维修人员应有计划地对操作人员进行技术培训，以不断提高对设备使用、维护的能力。

（4）重要设备的操作工经过技术培训后，要进行技术知识和使用维护知识的考试，合格者方能独立使用或操作设备。

二、工程维护保养

1.三级保养制度

（1）日常维护

① 设备使用前进行清洁、润滑、紧固、空运转试车。

② 工作中严格按操作规程使用设备，发现问题及时处理。

③ 下（交）班前对设备进行擦拭，清理工具，消扫工作地。

④ 每周进行 1～2 小时保养，彻底擦拭设备，清理死角。

（2）一级保养（即月保或季保）

① 清洗、疏通润滑系统各部件，清洗（更换）油毡、油线。

② 调整滑动部位间隙，检查紧固部位紧固状况。

③ 重点运转部位进行拆检，发现异常及时维修。

④ 设备内外进行彻底清洁，消除卫生死角。

⑤ 电气部分要清除灰尘，除油垢，进行运行性能检查。

（3）二级保养（即年保）

① 更换或修复损坏零件，检查、调整有关部件。

② 修研（刮）主要零件的磨损部位，修复基准面的磕、碰、伤等。

③ 进行定期（周期）清洗、换油。

④ 清扫、检查、调整电气元件，检查保养电机。

⑤ 检查测定设备主要精度、性能，调整传动部位。

⑥ 排除隐性故障，治理四漏（漏水、漏电、漏气、漏油）现象。

⑦ 清洗设备各部位的油迹、污垢。

⑧ 对于具备自检功能的设备，根据故障显示进行保养、维修。

2.维修保养质量标准

应制定维修保养质量标准，这是维修人员的工作标准，也是检查人员对其工作质量进行检查、判断好坏的依据，见表2-2。

表 2-2　维修保养质量标准

区域	序号	维修保养项目	维修保养标准
客房	1	客房门	无变形、开裂、脱漆、污渍
	2	门牌	无破损、脱漆、松动
	3	门锁	机械灵活、开闭自如、锁库牢固
	4	门镜	清晰、牢固、配件齐全
	5	门套	无变形、开裂、污渍、脱漆
	6	门吸	安装牢固、位置适合、无损坏

续表

区域	序号	维修保养项目	维修保养标准
客房	7	门碰	安装牢固、位置适合、无损坏
	8	闭门器	开闭自如、适度、牢固
	9	防盗链	安装牢固、无损坏
	10	门合页	安装牢固、螺丝齐全、无异声
	11	浴室门	无变形、开裂、污渍、脱漆，合页牢固
	12	挂衣钩	安装牢固、位置适合
	13	坐便器	无开裂、漏水，配件齐全、抽水正常、底边打胶无脱落
	14	洗面盆	无开裂、漏水、污渍，配件齐全
	15	洗面镜	无破损、受潮，安装牢固、配件齐全
	16	卷纸盒	安装牢固、配件齐全、无开焊
	17	口杯架	安装牢固、无破损、配件齐全
	18	毛巾浴巾架	安装牢固，无开焊、损坏
	19	换气扇	声响正常、安装牢固
	20	挡水台	安装牢固、无漏水、破损
	21	花洒喷头	水流畅通、位置适合、安装牢固、软管无破损
	22	洗发液	安装牢固、位置适合
	23	浴帘杆	安装牢固、高度适合、无开焊
	24	浴帘	无破损、配件齐全
	25	龙头	开闭、调节灵活，水流畅通、无滴漏
	26	阀门	开关紧闭、无漏水
	27	门锁	开闭、机械灵活，配件齐全、安装牢固
	28	插座	接线规范、安装牢固、无破损、插拔自如
	29	墙砖	无破损、颜色一致
	30	吊顶	顶板平整、齐全
	31	地漏	排水顺畅、配件齐全
	32	热水器	安装牢固、供水正常，开关温控、漏电工作正常
	33	浴室地砖	无破损、颜色一致
	34	浴室吊顶	无开裂、污渍，检查口平整
	35	衣架	牢固、无开焊
	36	踢脚线	无开裂、脱漆、污渍
	37	窗帘盒	无开裂、脱漆、污渍，安装牢固
	38	窗帘杆	安装牢固、滑动自如

续表

区域	序号	维修保养项目	维修保养标准
客房	39	窗帘	无破损、脱钩
	40	窗户	开闭自如、配件齐全、玻璃无破损
	41	灯具	无损坏、漏电,安装牢固、配件齐全、无异声
	42	灯具功率	门灯:9瓦、床灯:40瓦、吊灯:40瓦、筒灯:9瓦
	43	灯具色温	卫生间:日光6700开、房间:2700开
	44	开关	无破损、打火、划痕,安装牢固
	45	节电插牌	动作准确、面板无损、安装牢固
	46	电热水杯	绝缘完好、温控准确、配件齐全
	47	电视机	安装牢固,颜色、清晰度正常,遥控板完好
	48	空调机	制冷、制热、出风正常,声响正常、遥控完好
	49	电热膜	热辐射正常、温控器设温准确、面板无损
	50	暖气片	发热正常、无漏水
	51	暖气罩	无损坏、安装牢固
	52	暖气台面	无开裂、脱漆、污渍
	53	石膏角线	无开裂、脱漆、污渍、坠落
	54	墙面	无开裂、污渍、脱漆
	55	地毯	无起毛、烫痕、污渍
	56	床头板	无变形、脱漆、开裂,安装牢固
	57	床头柜	安装牢固,无脱漆、开裂
	58	床箱床垫	无异声、断裂、缺腿、开线、破损
	59	储物柜	无开裂、脱漆、污渍
	60	圆桌	无开裂、脱漆、污渍,桌布、玻璃完好
	61	圈椅	无开裂、脱漆、污渍、开线
	62	靠背椅	无开裂、脱漆、污渍、开线
	63	装饰画	镜框完好、安装牢固、悬挂整齐
	64	穿衣镜	镜面完好、安装牢固
	65	电源插座	插接紧密、面板无损、接线正确
	66	电话线路	无噪声、压线牢固、号码正确、面板无损
	67	有线电视	信号清晰、接收准确
	68	门窗限位	安装牢固、行程一致

续表

区域	序号	维修保养项目	维修保养标准
大堂	1	门窗	开闭自如、配件齐全、无脱漆
	2	地面	无破损
	3	墙面	干净整洁、颜色一致、无开裂
	4	照明	保证完好率，功率、色温一致
	5	木器	无破损、脱漆、开裂
	6	装饰	画框安装牢固、端正，花木整齐、无折损
	7	沙发	无异声、破损
	8	IC电话	通话正常、安装牢固
	9	空调	工作正常、无异声
	10	电源	符合电气安装规范
	11	擦鞋机	接线规范、无异声
	12	供暖	室温符合国家规定
公共卫生间	1	门窗	开闭自如、配件齐全、无脱漆
	2	地面	无破损
	3	墙面	瓷砖无破损、空鼓
	4	照明	保证完好率，功率、色温一致
	5	隔断	安装牢固、配件齐全
	6	装饰	镜、画框安装牢固、端正
	7	洁具	无开裂、漏水，配件齐全，感应器及抽水正常
	8	烘手器	安装牢固、配件齐全、反应灵敏
	9	换气扇	换气顺畅、无噪声、安装牢固
	10	电源	面板无损、牢固、工作正常
	11	冷热水	水流顺畅、开闭自如、开向符合标准
厨房	1	电源	面板无损、牢固、工作正常、布线整齐、无过载
	2	门窗	开闭自如、配件齐全、无脱漆
	3	照明	保证完好率，功率、色温一致
	4	热水器	安装、使用符合要求，无漏电、漏水
	5	燃气	阀门开闭完好、无漏气
	6	上水	水流顺畅、开闭自如、无滴漏
	7	下水	排水顺畅、管道连接紧密不漏水
	8	排风	通风正常、声响正常
	9	墙面	干净、颜色一致，无开裂、空鼓

续表

区域	序号	维修保养项目	维修保养标准
厨房	10	地面	无破损、地漏排水顺畅
	11	电器	安装、使用符合要求，无漏电、漏水
	12	设备	无开焊、部件齐全
	13	消毒	功能设置完好、配件齐全
	14	灶具	设备部件齐全、使用正常
	15	冰箱	完好无损，制冷、除霜正常
燃气系统	1	阀门	开闭自如、无漏气
	2	通风	运转正常、通风顺畅无堵塞
	3	计量	准确、完好
	4	管路	无锈腐、无漏气
配电系统（高压）	1	电压	仪表、信号指示电压正常
	2	电流	额定电流允许范围内
	3	信号	显示正常
	4	工具	保存完好、保证使用
	5	记录	准确、整齐、保存完好
	6	卫生	干净整洁
	7	模拟板	无损坏、安装整齐、显示准确
配电系统（低压）	1	电压	额定电压指示正常
	2	电流	额定电流允许范围内
	3	信号	显示正常
	4	开关	无过热、过载，拉合可靠、动作准确
	5	接地	接地可靠
	6	电缆	无破损、过热
	7	压线	压线紧密、电阻合格
	8	防护板	安装牢固、齐全
	9	室温	符合要求：30℃以下
配电间、盘	1	厨房	安装牢固、防护配件齐全、温升正常
	2	咖啡厅	安装牢固、防护配件齐全、温升正常
	3	大堂	安装牢固、防护配件齐全、温升正常
	4	各楼层	安装牢固、防护配件齐全、温升正常
	5	地下室	安装牢固、防护配件齐全、温升正常
	6	楼顶	安装牢固、防护配件齐全、温升正常

续表

区域	序号	维修保养项目	维修保养标准
锅炉房	1	水电气	供应正常
	2	温控	设置合理
	3	卫生	干净整洁
	4	照明	保证检修照度
热水泵房	1	供电	电压、电流指示正常，配电、线路无过热
	2	供水	水压、水位指示正常，循环系统正常
	3	电机	声响、温升正常，配件齐全
	4	管路	无锈斑、抖晃
	5	软化	软化药剂充足
冷水泵房	1	供电	电压、电流指示正常，配电、线路无过热
	2	供水	水压、水位指示正常
	3	电机	声响、温升正常，配件正常
	4	管路	无锈斑、抖晃
	5	消毒	消毒设备工作正常
电梯机房	1	供电	电压、电流指示正常，配电、线路无过热
	2	层标	指示准确
	3	室温	符合要求：30℃以下
	4	曳引机	声响、温升正常，配件齐全
	5	卫生	干净整洁
	6	照明	满足维修要求
通风系统	1	开启时间	按照规定时间开启通风机
	2	设备运行	运转正常、通风顺畅无堵塞
员工区域	1	设备设施	电器设备安装规范
	2	家具	完好无损

3.计划检修

（1）客房的计划检修

① 根据酒店全年客房出租率制订客房不间断维修保养计划。

② 按日、月、季度安排酒店客房不间断维修保养，日必保检修保养2～3间客房。

③ 对客房进行计划检修维护时,严格按"客房维修保养检查表"每项内容逐项进行细致的检查(本店未安装设备设施除外)。

④ 维修时必须严格按照技术标准及标注进行,保证维修质量。

⑤ 发现较大问题时,应及时向主管、店长汇报,对问题进行分析,并拿出解决问题的办法。

⑥ 客房检查维护结束后,请主管、店长检查验收并签字。

客房工程维修安排见表2-3。

表2-3 客房工程维修安排

序号	项目	周期	标准
1	楼层疏散指示灯检查	7天	
2	酒店电梯检查		
3	客房电热器检查	15天	维修人员全面负责检查
4	卫生间设施检查		
5	客房灯具和开关调试		
6	客房电视机调试		
7	客房门锁、防盗链检查		
8	客房窗户及限位器检查		
9	客房挂衣架检查维护		
10	咖啡厅电源安全检查		
11	厨房电源安全检查		
12	客房家具检查	30天	
13	客房空调调试		
14	客房电源安全有效检查		
15	烟感报警器检查		
16	客房窗帘及窗帘杆检查		

(2)公共区域的计划检修。应每月对酒店公共区域的设施设备进行检查,查出的问题及时整改。每月具体的维修保养内容见表2-4。

表 2-4　硬件设施设备全年保养计划

月份	维护保养内容
1月	（1）检修全店电气设备：清扫、紧固螺丝，查电流电压表、指示灯指示正常，防护板配置齐全 （2）检修全店供水系统运行情况，无跑、冒、滴、漏，水温正常，软化系统、消毒设备可靠有效 （3）检查电梯、有线电视、锅炉、监控、消防报警运行情况，安排维保单位重点检查一次
2月	（1）检查燃气系统供气情况，全面检查厨房设备使用情况和电器设备安全性 （2）检查全店普通照明、应急照明系统和疏散指示灯，保证完好率达到100% （3）检查酒店各部位门窗开闭状况，保证开闭自如、紧闭
3月	（1）对酒店全部设备间进行卫生清扫 （2）清洗酒店空调机进、出风口过滤网 （3）粉刷、修补员工餐厅、倒班宿舍
4月	（1）检查遥测酒店避雷系统、接地系统，合格值：避雷系统不超过10欧姆，接地系统不超过4欧姆 （2）对酒店动力设备电动机进行清扫、除锈、加油、紧固，检查轴承、扇叶，声响异常及时更换 （3）粉刷员工公共区域墙面、修补地面
5月	（1）检查酒店排污、雨水管路系统是否畅通，清扫楼顶污物，保证排水顺畅 （2）检修酒店外部金属大门、自行车棚、垃圾房等设施，脱漆部位重新油漆 （3）粉刷油漆、修补客房通道墙面、吊顶、管道井门，检修通道地毯、地砖
6月	（1）检修公共区域地毯、地砖、窗台面板等部位 （2）检修公共卫生间洁具、五金件、给排水、电器、墙地面、隔断板、门窗是否完好 （3）粉刷油漆大堂、咖啡厅墙面，检查修理木制家具
7月	（1）检查、保养酒店通风换气系统、厨房排烟系统、煤气表房强排系统 （2）清掏酒店内外隔油池、排污池、化粪池、雨水管网
8月	（1）检查全店普通照明、应急照明系统和疏散指示灯，保证完好率达到100% （2）清扫、检修酒店高、低压配电设备
9月	（1）油漆、修补室外金属消防梯脱漆、开焊部位 （2）重新油漆停车场车道线、庭院灯、铁艺装饰 （3）修补、粉刷主门区域墙面、阶梯、装饰等部位
10月	（1）清洗酒店空调机进、出风口过滤网 （2）检查清除酒店热水系统锅炉、热水器、出水过滤网结垢和杂质 （3）全面检修酒店供暖系统
11月	（1）粉刷油漆室内消防步行梯墙面、顶面、阶梯、窗户、防火门等部位 （2）粉刷油漆、修补客房通道墙面、吊顶、管道井门，检修通道地毯、地砖 （3）对酒店客房墙面进行全面修补、粉刷、油漆
12月	（1）粉刷油漆大堂、咖啡厅墙面，检查修理木制家具 （2）检查修理公共区域门窗是否完好 （3）对酒店客房墙面进行全面修补、粉刷、油漆

三、加强能源管理

能源是酒店经营的重要保障，工程维修人员首先必须管理好为酒店日常经营提供能源的设备，如：供电、供热、供冷、供气等，负责控制和运行这些设备，并保证酒店的需要。在能源越来越短缺的今天，能源价格不断上涨。在社会追求可持续发展、酒店业倡导绿色经营的背景下，科学合理地使用能源、节约能源就成为酒店工程维修人员的另一重要职能。当然，能源管理的任务特别是能耗控制，不能单靠工程维修人员，必须动员全体员工力量，但是工程维修人员应该成为这项工作的主要组织者和日常管理者，也应该是最终的责任承担者。

1. 建立能源管理的领导组织

以工程维修人员为基础，在店长的领导下，建立能源管理的领导组织。

能源管理委员会由店长协同各部门在能源方面的负责人组成，其职责是制定、完善和执行酒店能源计划，由工程维修人员负责对各部门在每阶段的能源使用情况进行分析，根据能源管理计划中的各项指标要求对各部门进行考核，并保证计划实施的连续性。

2. 提高设备的利用效率

全员参与能源管理需要工程维修人员的合理宣传，形成全店的节能风气，坚持不懈地推行节能思想，不断提高设备使用技术，并改进设备操作规范以减少设备能源损耗。加强设备日常操作管理，通过操作人员的科学使用和全体服务人员的努力来减少酒店能源消耗。

3. 加强节能技术应用

工程维修人员必须关注酒店业节能技术的应用趋势，结合自有设施设备的实际，不断引进适合的节能技术。通过科学分析，确定酒店主要的能源消耗类型及能源消耗的主要场所或设备，按照重要性程度选择使用节能技术类型，如：节水技术（冷凝水回收、热水节能技术及各种节能用水器材等）、节电技术（节能灯采用、节能开关应用等）等。通过技术运用更大幅度地减少能源的使用，提高能源的利用效率。

4. 能耗的控制

工程人员平时除了保证整个酒店正常运作外，还要对水、电、气及其配套设备进行维护、改造、革新，从而达到节能降耗的目的。

在日常管理中，要对能安装计量（水表、电表）设备的地方尽量安装，并按计划每月多次抄表核对，对水、电、气（油）用量超过平均水平的，要分析原因，杜绝浪费现象。

同时工程人员在平时维护工作和巡查过程中，要对各部门存在的浪费现象及时制止并做好记录，由部门经理及时同各部门沟通，以达到监督能源浪费的作用。

四、处理好与其他部门的关系

经济型酒店各部门之间搞好合作、沟通、协调是十分重要的。在酒店业，工程维修工作是整个酒店经营管理的基础，工程维修人员几乎与酒店各部门均有联系。

1. 工程维修人员与前台

工程维修人员要向前台了解酒店客情预报，当天住客人数，主要顾客情况，当天酒店主要活动时间、地点、人数，客人需使用什么特殊设备，客人投诉意见等，只有了解这些情况，才能配合其他部门做好服务。

2. 工程维修人员与客房部

工程维修人员应掌握客房内的设备情况，特别要重视卫生间的设施，使用是否灵活、下水是否通畅、出水是否达标。

3. 工程维修人员与餐饮部

工程维修人员要掌握有何重要的宴请活动，空调是否良好，是否需要特别布置，厨房设备是否不尽如人意，厨房下水是否堵塞，均应主动帮助餐饮部门排忧解难。

4. 工程维修人员与其他部门

对工程维修人员的管理工作中，涉及人力资源、财务、采购等多项管理工作，而提高工程维修人员的管理水平、工作效率和员工服务水平也需要包括酒店人力资源部、培训部、财务部等其他部门的支持，协调与这些部门之间的关系也是决定工程维修人员工作优劣的重要条件。

> **小提示：**
>
> 酒店对客服务是一个从客人进店到客人离店的全过程，任何一个环节都不应发生差错。工程维修人员始终是这个过程的基础，只有加强部门之间的合作、沟通，才能将服务工作做好。

五、要确保安全管理

每年在雷雨季节要求对大楼、机房、油库进行避雷检测，对控制柜各端子按计划两个月检测一次温度，对触点打弧严重的接触器及时更换，按计划对消防设施及煤气系统定期检查，要求每周一次大检查，对二次用水和排污系统定期清理，保证生活用水和排污的畅通，每年至少四次安排清理厨房油烟系统。

要求保养单位制订计划，并按计划通知工程维修人员进行设备保养，在保养时安排人员极力配合，杜绝电梯空调等外保设备的应急抢修频率。对技术含量不高的设备，要求勤学勤问，努力变外保为内修，为酒店节约不必要的开支。

六、工具要管理好

工具管理要点如下。

（1）维修工的常用工具，可由个人保管使用，建立个人持有工具登记卡。

（2）机房设备检修工具，应放在固定的工具箱内统一保管，使用时办理借用手续。

（3）各种电动工具统一保管，使用时办理借用手续。

（4）凡属人为的工具损坏，应酌情进行经济赔偿。

（5）工具的更换实行以旧换新的原则。

七、设施设备的档案管理

进行归档管理的设施设备资料有以下几种。

（1）本酒店的图纸（水、电系统图纸、结构图纸、家具图纸、吊顶、面图纸、外场图纸、门头图纸、大堂图纸）。

（2）设施设备（电梯、弱电、监控、有线电视、锅炉、交换机）的说明书、付款情况、单位名称、联系人、联系地址、联系电话，维保单位名称、地址、联系人。

（3）施工单位一年内维修负责人、电话、地址。

（4）有关酒店合同文本的复印件。

第四节　安全管理

经济型酒店除了"经济"外，安全也同等重要。如果入住的酒店没有给客人安全感，哪怕酒店的价格再低，也吸引不了客人。

一、客人安全控制与管理

1. 入口控制与管理

酒店是一个公共场所，除衣冠不整者外，任何人都可自由出入。在众多的人流中，难免有图谋不轨分子或犯罪分子混杂其间，因此入口控制就显得非常重要。酒店入口主要有：酒店大门入口、楼层电梯入口、楼层通道。

（1）酒店大门入口控制与管理

① 经济型酒店不宜有多个入口处，应把入口限制在大门。这种控制是指有安全门卫或闭路电视监视设备控制。在夜间只使用一个入口。

② 酒店大门的保安既是迎宾员又应是安全员。应对保安进行安全方面的训练，使他们能观察、识别可疑分子及可疑的活动。另外也要对大门及门厅里进行巡视，对进出的人流、门厅里的各种活动进行监视。如发现可疑人物或活动，则及时与值班经理联络，

以便采取进一步的监视行动，制止可能发生的犯罪或其他不良行为。

③ 在大门入口处安装闭路电视监视器（摄像头），对入口处进行无障碍监视。

（2）电梯入口控制与管理。电梯是到达楼层的主要通道。许多酒店设有专供客人使用的专用电梯。为确保酒店的安全，必须对普通电梯及专用电梯入口加以控制。控制的方法一般采用闭路电视监控。监控的位置一般在大厅电梯口、楼层电梯口、电梯内。

（3）楼层通道安全控制与管理

① 保安人员在楼层通道里巡视应是一项日常、例行的活动。保安人员对楼层通道巡视的路线和时间应不时做调整和变更，不能形成规律，以免让不法分子钻空子。

② 楼层安全计划应明确要求凡进入楼层区域工作的工作人员，如客房服务员、客房主管及店长助理、值班经理等都应在其工作岗位中起到安全控制与管理的作用，随时注意可疑的人及不正常的情况，并及时向值班经理报告。

③ 要通过装置在楼层通道中的闭路电视监视系统对每个楼层通道进行监视及控制。

2. 客房安全控制与管理

客房是客人在酒店停留的主要场所及其财物的存放处，所以客房的安全至关重要。客房安全控制与管理包括以下三个方面。

（1）客房门锁与钥匙的控制与管理。为防止外来的侵扰，客房门上的安全装置是非常重要的，其中包括能双锁的门锁装置、安全链及广角的窥视警眼（无遮挡视角不低于60°）。除正门之外，其他能进入客房的入口处都要上闩或上锁。这些入口处有：阳台门、与邻房相通的门等。

客房门锁是保护顾客人身及财产安全的一个关键环节。安全的门锁以及严格的钥匙控制是顾客安全的一个重要保障。酒店管理者应设计出一个结合本酒店实际情况，切实可行的客房钥匙编码、发放及控制的程序，以保证客房的安全，保证客人人身及财物的安全。一般来说，该程序包括以下的内容。

① 对于电子门锁系统，前台是电子门锁卡编码、改码和发放客房门锁卡的地方。当客人完成登记入住手续后，就发给该房间的门锁卡。客人在居住期内由自己保管门锁卡，一般情况下，门锁卡不宜标有房间号码，以免客人丢失门锁卡又不能及时通知酒店时，被不良行为者利用。

② 客人丢失门锁卡时，可以到前台补领，补卡时前台人员应要求客人出示酒店入住卡表明自己的身份。在服务人员核对其身份后方能补发重新编码的门锁卡。对于长住客或服务员能确认的情况下，可以直接补予，以免引起客人的反感。

③ 工作人员，尤其是客房服务员所掌握的万能钥匙卡不能随意丢放在工作车上或插在正在打扫的客房门锁上或取电槽内。应要求他们将客房钥匙卡随身携带，客房服务员在楼面工作时，如遇自称忘记带钥匙卡的客人要求代为打开房门时，绝不能随意为其打开房门。

④ 需防止掌握客房钥匙卡的工作人员图谋不轨。采用普通门锁的楼层，客房通用钥匙通常由客房服务员掌管，每天上班时发给相应的房务员，完成清扫工作后收回。客房部每日都要记录钥匙发放及使用情况，如领用人、发放人、发放及归还时间等，并由领用人签字。客房部还应要求服务员在工作记录表上记录进入与退出每个房间的具体时间。

（2）客房内设施设备安全控制与管理。客房内设施设备安全控制与管理要点如表2-5所示。

表2-5　客房内设施设备安全控制与管理要点

序号	类别	安全控制与管理要点
1	电气设备安全	客房内的各种电气设备都应保证安全。客房电气设备安全控制包括：客用电视机、小酒吧、各种灯具和开关插座的防爆、防漏电安全；火灾报警探头系统、蜂鸣器、自动灭火喷头以及空调水暖设施设备的安全等
2	卫生间及饮水	卫生间的地面及浴缸都应有防止客人滑倒的措施。客房内口杯、水杯及冰桶等都应及时并切实消毒。如卫生间内的自来水未达到直接饮用的标准，应在水龙头上标上"非饮用水"的标记
3	家具设施包括床、办公桌、办公椅、躺椅、行李台、茶几等家具	应定期检查家具的牢固程度，尤其是床与椅子，使客人免遭伤害
4	其他方面	在客房桌上应展示专门有关安全问题的告示或须知，告诉客人如何安全使用客房内的设备与装置，专门用于保安的装置及作用，出现紧急情况时所用的联络电话号码及应采取的行动。告示或须知还应提醒客人注意不要无所顾忌地将房号告诉其他客人和任何陌生人；应注意有不良分子假冒酒店职工进入楼层或客房

（3）客人财物保管箱安全控制与管理。按照我国的有关法律规定，酒店必须设置顾客财物保管箱，并且建立一套登记、领取和交接制度。

酒店客人财物保管箱有两类，一类设在酒店前台内，由前台统一控制。客人使用时，由前台服务员和客人各执一把钥匙，取物时，将两把钥匙一起插入才能开启保险箱。另一类则为客房内个人使用的保险箱，客房内保险箱由客人自设密码，进行开启与关闭。应将保险箱的使用方法及客人须知明确地用书面形式告知客人，让客人方便使用。须定期检查保险箱的密码系统，以保证客人使用安全。

二、员工安全控制与管理

在员工安全管理中，应根据本酒店的运作过程，结合各个工作岗位的工作特点，制定员工安全标准及各种保护手段和预防措施。

1. 劳动保护措施

（1）岗位工作的劳动保护与安全标准。酒店的各个工作岗位要根据岗位工作的特点制定安全操作标准。虽然酒店内的服务工作基本上以手工操作为主，但不同岗位的安全操作标准却不尽相同。如接待员需要防袭击和防骚扰，客房清洁服务员的腰肢保护和防清洁剂喷溅，餐厅服务员防烫伤、防玻璃器皿损伤等，都需要有相应的安全工作的操作标准。随着各种工具、器械、设备应用的增多，酒店应制定各种工具、器械、设备的安全工作标准和操作标准。

（2）岗位培训中的安全培训。在员工岗位技术培训中应将安全工作及操作列入培训的内容，在学习及熟练掌握各工作岗位所需的技能、技巧的同时，培养员工要养成良好的安全工作及安全操作的习惯，并使员工掌握必要的安全操作的知识及技能。强调并提倡员工之间的互相配合，即工种与工种之间，上下程序之间，都应互相考虑到对方的安全，如设备维修人员在维修电器或检查线路时，要告诉正在一起工作的房务员，以免造成不便或引起事故。

2. 员工个人财物安全保护

酒店员工的个人财物安全保护包括员工宿舍中员工个人财物的安全保护和员工更衣室个人衣物储藏箱的安全保护两个方面，如图2-3所示。

方面一	员工宿舍内员工个人财物保护
	员工宿舍内员工个人财物的保护包括防止员工内部偷盗及外来人员偷盗两方面内容

方面二	更衣室个人衣物储藏箱安全保护
	原则上酒店不允许员工带物品进入酒店及工作岗位，为确保员工的衣服及随身的日常小用品的安全，要为上班的员工提供个人衣物储藏箱，应告诫员工不要携带较多的钱财及贵重物品上班

图2-3　员工个人财物安全保护的两个方面

3. 员工免遭外来的侵袭控制

在经济型酒店中，前台接待员兼做收银员，很有可能成为受袭击的对象。所以为保护接待员的安全，在前台应装置报警器或闭路电视监视器，应只保留最小限额的现金。接待员交解现金时，应由保安人员陪同。还应告知前台接待员遭到抢劫时的安全保护程序。

客房服务员还可能碰上正在房内作案的窃贼而遭到袭击，或遇到行为不轨或蛮不讲理的客人的侵扰。一旦发生这种情况,在场的工作人员应及时上前协助受侵袭的服务员撤离现场,使其免遭进一步的攻击,并尽快通知安保人员及客房主管迅速赶到现场,据情处理。

另外给上夜班、下晚班的员工安排交通工具回家或酒店过夜;及时护送工伤及生病员工就医;防范员工上下班发生交通事故;加强员工食堂管理,控制员工饮食安全,防止食物中毒等也属于员工安全计划的内容。

三、酒店财产安全控制与管理

酒店内拥有大量的设施设备和物品,这些财产设备和物品为酒店正常运行、服务及客人享受提供了良好的物质基础。对这些财产及物品的任何偷盗及滥用都将影响酒店及客人的利益,因此财产安全控制与管理是酒店安全控制与管理中的重要内容。其具体内容如下。

1. 员工偷盗行为的防范与控制

员工在日常的工作及服务过程中,直接接触各类设备与有价物品,这些物品具有供个人家庭使用或再次出售的价值,这很容易诱使员工产生偷盗行为。在防范和控制员工偷盗行为时,应考虑的一个基本问题是员工的素质与道德水准。这就要求在录用员工时严格把好关,进店后进行经常性的教育,并有严格的奖惩措施。奖惩措施应在员工守则中载明并严格照章实施。对有诚实表现的员工进行各种形式的鼓励及奖励;反之,对有不诚实行为及偷盗行为的职工视情节轻重进行处理,甚至开除出店。思想教育和奖惩手段是相辅相成的,只要切实执行,是十分有效的。

另外还应通过各种措施,尽量限制及缩小员工进行偷盗的机会及可能。这些措施包括以下方面。

(1) 员工上班都必须穿制服、戴工牌,便于安保人员识别。

(2) 在员工上下班进出口处,应有安保人员值班,检查及控制员工携带进出的物品。

(3) 完善员工领用物品的手续,并严格照章办事。

(4) 严格控制储存物资,定期检查及盘点物资数量。

(5) 控制及限制存放在前台的现金额度,交解现金需有安保人员陪同及参加。

(6) 严格财务制度,实行财务检查,谨防工作人员贪污。

2. 客人偷盗行为的防范与控制

由于酒店物品的高档性、稀有及无法购买性(有些物品在市场上无法购买到),因而酒店住店客人也容易产生偷盗行为。虽然客人的素质一般较高,但受喜爱物品的诱惑,也不乏偷窃倾向。酒店所配备的客用物品如浴巾、浴衣、办公用品、日用品等一般都由专门厂家生产,档次、质量、式样都较好;客房内的装饰物和摆设物(如工艺品、字画、古玩等)也比较昂贵和稀有,这些物品具有较高的使用、观赏价值和纪念意义而容易成为住店客人盗取的对象和目标。因此为防止这些物品被盗而流失，可采取的防范控制措施如下。

（1）将这些有可能成为客人偷盗目标的物品，印上或打上酒店的标志或特殊的标记，这能使客人打消偷盗的念头。

（2）有些使客人感兴趣、想留作纪念的物品，可供出售的，这可在《旅客须知》中说明。

（3）客房服务员日常打扫房间时，对房内的物品要加以检查；或在客人离开房间后对房间的设备及物品进行检查，如发现有物品被偷盗或设备被损坏，应立即报告。

3. 外来人员偷盗行为的防范与控制

外来人员偷盗行为的防范与控制包括以下三方面的内容。

（1）不法分子和外来窃贼。要加强入口控制、楼层通道控制及其他公众场所的控制，防止外来不良分子窜入作案。

（2）外来公务人员。酒店由于业务往来需要，总有一些外来公务人员进出，这些人员包括外来公事人员、送货人员、修理人员、业务洽谈人员等。应规定外来人员只能使用员工通道，出入须经安全值班人员检查后才可放行。如果楼层内的设备、用具、物品等需带出店外修理的，必须经值班经理的签名，经安全值班人员登记后才能放行。

（3）访客。酒店客人因业务需要经常接待各类来访客人，而来访客人中也常混杂着不良分子，他们在进入客人房间后，趁客人不备往往会顺手牵羊，带走客人的贵重物品或客房内的高档装饰物及摆设物；他们也可能未经客人的同意，私自使用客房内的付费服务项目，如打长途电话甚至国际长途等。此外酒店应尽量避免将有价值的物品放置在公共场所的显眼位置，并应对安放在公共场所的各种设施设备及物品进行登记和有效管理。

四、消防安全计划与管理

火灾始终是威胁酒店的一个重大灾难，因此制订科学合理的防火安全计划并进行有效的消防管理是酒店安全管理的重要内容。

1. 防火安全计划与消防管理

（1）消防安全告示。消防安全告示可以从客人一入店时进行。可在客人登记时发给一张酒店卡，卡上除注明酒店的服务设施和项目外，还应注明防火注意事项，印出酒店的简图，并标明发生火警时的紧急出口。

客房是客人休息暂住的地方，也是客人在酒店入住期间停留时间最长的地方，应当利用客房告诉客人有关消防安全的问题。如在房门背后应安置楼层的火灾紧急疏散示意图，在图上把本房间的位置及最近的疏散路线用醒目的颜色标在上面，以使客人在紧急情况下安全撤离；在房间的写字台上应放置"安全告示"或放有一本安全告示小册子，比较详细地介绍酒店及楼层的消防情况，以及在发生火灾时该怎么办。

（2）防火安全计划与制度。防火安全计划是指酒店各岗位防火工作的工作程序、岗位职责、注意事项、规章制度以及防火检查等项工作计划的总称。

在制订防火安全计划时，要把酒店内每个岗位容易发生火灾的因素找出来，然后逐一制定出防止火灾的措施与制度，并建立起防火安全检查制度。酒店的消防工作涉及每个岗位的每一名员工，只有把消防工作落实到每个岗位，并使每位职工都明确自己对消防工作的职责，安全工作才能有保证。必须使每位员工做到图2-4所示的几点。

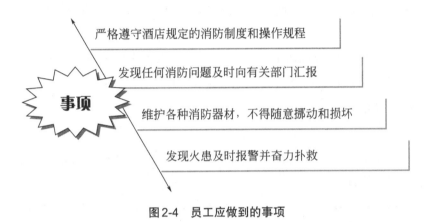

图2-4 员工应做到的事项

2. 火灾应急计划与控制和管理

火灾应急计划与控制和管理是指在酒店一旦发生火灾的情况下，酒店所有人员采取行动的计划与控制和管理方案。火灾计划要根据酒店的布局及人员状况用文字的形式制订出来，并需要经常进行训练。

酒店内一旦发生火灾，应立刻报警。有关人员在接到火灾报警后，应当立即抵达现场组织扑救，并视火情通知公安消防队。有些比较小的火情，酒店及楼层员工是能够在短时间内组织人员扑灭的；如果火情较大，就一定要通知消防监控中心。酒店应把报警分为两级，一级报警是在酒店发生火灾时，只是向酒店的消防监控中心报警，其他场所听不到铃声，这样不会造成整个酒店的紧张气氛。二级报警是在消防监控中心确认楼层已发生了火灾的情况下，才向全酒店报警。

酒店应按照楼层及酒店的布局和规模设计出一套方案，使每个部门和员工都知道万一发生火灾时该怎么做。

一旦酒店发生火灾或发出火灾警报时，要求所有员工坚守岗位，保持冷静，切不可惊慌失措，到处乱跑，要按照平时规定的程序作出相应的反应。所有的人员无紧急情况不可使用报警电话，以保证电话线路的畅通，便于酒店管理层下达命令。

3. 火灾疏散计划与管理

火灾疏散计划与管理是指酒店发生火灾后人员和财产紧急撤离出火灾现场到达安全

地带的行动计划和措施。在制定该计划和措施时，要考虑到楼层布局、酒店周围场地等情况，以保证尽快地把楼层内的人员和重要财产及文件资料撤离到安全的地方。这是一项极其重要的工作，组织不当会造成更大的人员伤亡和财产损失。

通知疏散的命令一般是通过连续不断的警铃声发出或是通过广播下达。

在进行紧急疏散时，客房服务员要注意通知房间的每一位客人。只有确定本楼层的客人已全部疏散出去，服务员才能撤离。

在疏散时，要通知客人走最近的安全通道，千万不能使用电梯。可以把事先准备好的"请勿乘电梯"的牌子放在电梯前。有的酒店在电梯的上方用醒目字体写着"火灾时，请不要使用电梯"。

当所有人员撤离楼层或酒店后，应当立即到事先指定的安全地带集合，查点人数。如有下落不明的人或还未撤离的人员，应立即通知消防队。

4. 灭火计划与管理

灭火计划与管理的内容包括以下方面。

（1）酒店总平面图。要注明楼层布局、给水管网上消火栓的位置、给水管尺寸、电梯间及防烟楼梯间位置等。

（2）酒店内部消防设备布置图。如自动灭火设备安装地点、室内消火栓布置图、进水管路线、阀门位置等。

（3）根据酒店的具体情况绘制的灭火行动平面图。实施计划应同时考虑利用楼梯作为灭火进攻和抢救疏散人员、物资及清理火场的通道；如果楼梯烧毁或被火场残物堵塞，要有其他备用的行动方案等。

五、紧急情况的应对与管理

酒店的安全管理也包括对一些紧急情况做出应对处理。主要包括以下内容。

1. 国内客人违法的处理

客人违法一般是指国内客人在住店期间内犯有流氓、斗殴、嫖娼、盗窃、赌博、走私等违反我国法律的行为。

（1）安保人员在接到有关客人违法的报告后，应当立即问明事情发生的时间、地点和经过，记录下当事人的姓名、性别、年龄、身份等，并立即向值班经理汇报。

（2）值班经理接到报告以后，要立即派安保人员到现场了解情况，保护和维持现场秩序。

（3）安保人员在找客人了解情况之前，一定要慎重，要了解客人的身份。对于客人之间一般的吵骂等不良行为，可出面进行调解。

（4）对于其违法行为，要查明情况，在征得值班经理同意后，向酒店的上级主管部门和公安部门报告。

（5）在向公安部门报告后，安保人员应对违法行为人进行监控，等待公安人员的到达，安保人员不能对行为人进行关押，应等候公安人员前来处理。

（6）事件处理完毕后，要把事件的情况和处理结果记录留存。

2. 客人伤病与死亡的处理

（1）客人伤病。酒店应有预防客人伤病的措施。如一旦客人受伤或生病，酒店应有处理紧急情况的措施及抢救的人员。具体的应对措施如下。

① 如果酒店没有专门的医疗室及专业的医护人员，则应选择合适的员工接受救急的专业训练，并配备各种急救的设备器材及药品。

② 如发现伤病客人，应一方面在现场进行急救，另一方面迅速安排病人去附近的医院。

③ 对客人伤病事件应有详细的原始记录，必要时据此写出伤病事件的报告。

（2）客人死亡。客人死亡是指客人在住店期间的伤病死亡、意外事件死亡、自杀、他杀或其他不明原因的死亡。除前一种属正常死亡外，其他均为非正常死亡。

① 保安人员在接到客人死亡的报告后，应向报告人问明客人死亡的地点、时间、原因、身份、国籍等，并立即报告值班经理。

② 值班经理接到报告后，应会同安保人员和医务人员前去现场。

③ 在客人尚未死亡的情况下，要立即送医院抢救。经医务人员检查，客人已确定死亡时，要派安保人员保护好现场。对现场的每一物品都不得挪动，严禁无关人员接近现场，同时向公安部门报告。

④ 在一切事项处理完毕后，安保人员要把对死亡及处理的全过程详细记录并存档。

3. 停电事故的处理

停电事故可能是由于外部供电系统引起，也可能是酒店内部供电发生故障。停电事故发生的可能性比火灾及自然灾害要高。因此对100间以上客房的经济型酒店来说，应配备有紧急供电装置，该装置能在停电后立即自行启动供电。在没有这种装置的酒店内，应配备足够的应急灯。酒店平时应制订一个周全的安全计划来应付停电事故，其内容包括以下几方面。

（1）保证所有员工平静地留守在各自的工作岗位上。

（2）向客人及酒店员工说明这是停电事故，正在采取紧急措施排除故障，将很快恢复电力供应。

（3）如在夜间，用干电照明公共场所，帮助滞留在走廊及电梯中的客人转移到安全地方。

（4）派遣维修人员找出停电原因。如果是外部原因，应立即与供电单位联系，弄清停电原因、时间等。如果是内部原因，则应组织力量抢修，尽快排除故障。

（5）在停电期间，安全人员须加强巡逻，派遣保卫人员保护有现金及贵重物品的地方,防止有人趁机作案。

4. 防爆的处理

这里的防爆是指防止人为的爆炸破坏事件。

(1) 防范措施

① 依据我国《旅馆业治安管理办法》的规定,酒店应明文规定严禁客人将易燃、易爆、剧毒、腐蚀性和放射性等危险物品带入楼层。若有发现,应及时处理,严重的应及时报告公安机关。

② 楼层内不得存放任何易燃、易爆的危险品。如确实是工作所必需,应规定专门的地方,采取必要的安全措施,只做短期存放。

③ 在公安机关的指导下,制定接听炸弹威胁电话的处理程序、搜寻工作程序以及发现爆炸物或可疑物后的处理程序等,并依此培训有关人员。

④ 制定防爆疏散及现场处理方案,同消防工作结合起来,组织酒店员工进行防爆演习。

(2) 爆炸物或疑似爆炸物的处理

① 酒店员工应当在酒店内发现爆炸物或可疑爆炸物后,迅速向安保人员报告,不要轻易触动物体,要尽可能保护和控制现场。

② 保安接到报警时,要问清确切地点、发现时间、形状及大小等情况,并立即通知值班经理、店长助理、工程维修人员、客房主管到达现场。

③ 在确认为爆炸物或可疑爆炸物后,应立即通知公安机关,并组织人员部署以爆炸物或可疑爆炸物为中心的警戒线,控制现场,等待专业防爆人员前来处理爆炸物或可疑爆炸物。

5. 重大事故的处理

酒店安全中的重大安全事故包括:造成客人人身重伤、残废的事故及暴力事件;重大火灾及其他恶性事故;大宗财物被盗及其他经济损失严重的事故等。

对于重大安全事故的处理,原则上由酒店所在地区的政府协调有关部门、事故责任及其主管部门负责,必要时成立事故处理领导小组。

在重大安全事故发生后,安保人员和值班经理应立即赶赴现场,全力组织抢救工作,保护事故现场,同时报告当地公安部门。酒店要立即组织医务人员对受伤人员进行抢救,伤亡人员中若有国际客人,责任方和酒店在对伤亡人员核查清楚后,应及时报告当地外办,同时以电话、传真或其他有效方式直接向"中国旅游紧急救援协调机构"报告,对事故现场的行李和物品要认真清理和保护,并逐项登记。酒店应协助责任方按照国家有关规定办理对伤亡人员及其家属的人身和财产损失的赔偿,协助保险公司办理入境旅游保险者的保险赔偿。事故结束后,酒店要和责任方及其他有关方面一起认真总结经验教训,进一步改进和加强安全管理措施,防止类似事故的再次发生。此外酒店还需将事故过程和处理经过整理成文字材料,上报有关部门并存档。

第五节　员工培训管理

酒店培训是指酒店及其有关部门根据酒店市场发展变化及酒店实际工作的需要,通过各种教导或经验的方式,在知识、技能、态度等方面对员工进行培养和训练的活动。它是一种标准化的学习过程。

一、培训应遵循的原则

酒店是人员密集型行业,酒店的管理说到底就是对人的管理,因此酒店需加强员工的培训管理。但在培训实施过程中,酒店要遵循图2-5所示的原则。

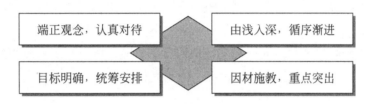

图2-5　酒店员工培训的原则

1.端正观念,认真对待

高绩效的员工培训始于正确的培训理念,因此从公司的高层到普通员工都必须有如下培训理念。

（1）员工培训是人力资源提升和发展的最有效手段。

（2）培训是各级主管的职责,需要各部门的大力支持和参与。

（3）培训必须全面普及,兼顾到管理、技能、知识、态度、习惯等各方面。

（4）培训是为实现组织目标而设,因此需要系统化、策略化。

（5）培训是企业推行新政策或进行改革的得力法宝。

（6）每个人都有再开发的潜能,都需要培训,只是需要培训的内容和适合的培训方式不同而已。

（7）培训不仅要为今天服务,而且要为明天做准备。

2.目标明确,统筹安排

开设培训课程,首先要确立培训目标。酒店培训是以进行职业定向教育为基本特征的,通俗讲就是,酒店培训是为了适应职业需要而进行的教育。因此培训目标必须紧紧围绕酒店行业的需求,紧紧依据行业对劳动者要求的变化而调整,特别是根据用人部门的复合要求来制定相应的目标,以此为依据开设培训课程。

3. 由浅入深，循序渐进

培训是一项系统工程，应采用系统的方法，并使培训活动与企业的发展方向一致。

首先，培训工作应根据企业的现状和外部环境，从组织层面、任务层面和员工个人层面分析培训需求、确定培训目标。

其次，根据培训目标设置具体的培训内容，确定是进行技能培训还是进行知识培训，或是进行观念培训。

再次，拟定培训计划，再接着就是组织实施培训活动。

最后，培训结束后还要进行总结评估，分析计划与结果的差距，归纳出经验和教训，同时发现新的培训需要，为下一轮培训提供依据，使员工培训不断循环。

4. 因材施教，重点突出

同一岗位的工作人员是有区别的，他们受教育的程度、专业背景、知识储备、自身素质、年龄、工作经历、到店时间等都有不同，培训工作要依据这些因素，设计出各种各样的培训内容、方式、时间、力度等，达到"学者容易、教者快意"的培训效果。

另外企业从普通员工到最高决策层，他们所从事的工作不同，能力和要求各不相同，因此培训工作应充分考虑他们各自的特点，做到因材施教。

二、培训可采取的方法

经济型酒店对员工进行培训，可采取图2-6所示的方法。

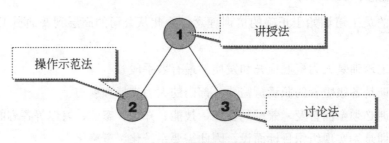

图2-6　培训可采取的方法

1. 讲授法

由老师在课堂上讲授，学生在课堂上听讲，这种方法由于从小学到大学主要都是采用此法，故较习惯，它适合于较系统的理论知识培训。

2. 操作示范法

这是最常用、最有效的基层培训方法，除由老师亲自示范外，还包括用电影、幻灯教学和到同行中去参观学习。

3. 讨论法

讨论法又分问题讨论法和案例研讨法。问题讨论法是由培训者提出讨论题，并设定一定的限制条件，组织和引导参加者开展讨论并给予指示，最终得出正确的结论。案例研讨法属于一种集体培训与开发的方法，比较适宜的对象是中层以上管理人员，目的是训练其决策能力。为了提高案例研讨法的效果，需要先安排受训人员仔细研读案例材料。

三、培训要建立的体系

酒店培训系统的要素，主要有酒店培训需求分析、拟订培训计划、实施培训计划及培训的评估和反馈四个组成部分。

1. 培训需求分析

培训需求分析是由提问、回答、澄清与记录工作运行中存在的一系列问题所组成的系统过程。有了准确的需求分析，酒店就可以拟定培训的目标和重点了。因此有针对的培训就应侧重于受训人员所不知道的部分，对于其已经掌握的知识和技能，则应把培训重点放在工作标准和工作效率上。

酒店可从图2-7所示的几方面来汇集培训需求并进行分析。

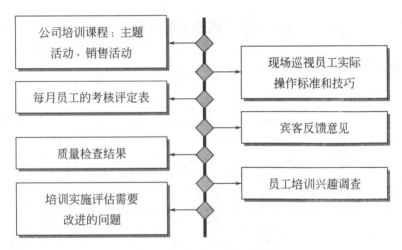

图2-7 汇集培训需求的途径

2. 拟定培训计划

分析了培训需求后，便可提出一整套培训资源、培训方案及培训课程的培训计划。培训计划是按照一定逻辑顺序排列的、记录选择培训资源、培训方案及培训课程的最优方案。它实际上是对课程所需资源的列表，是对课程进度、目标、内容、方法及学习效果评估等作出的规定或建议，以保证培训课程的有效实施。

3. 实施培训计划

实施培训计划的培训部门和管理者与酒店的规模和组织结构有关。大中型酒店应下设强有力的专门负责培训的组织机构与人员。组织机构一般建有培训部或培训中心，甚至学校。培训人员主要包括负责组织培训的中层管理干部和培训师,以及专门负责酒店部门培训的兼职培训员等。

4.培训的评估和反馈

在进入培训实施阶段之后,培训部门必须注意追踪和监测培训实施的情况,要根据反馈信息不断地对培训计划进行调节。

为此,应建立一种灵活有效的培训评估和反馈机制:制定培训追踪和监测制度。通过培训评估和反馈机制,验证培训的效果是否达到了预期的培训期望,完善培训管理,促使培训活动规范化、科学化;也为培训需求分析、拟订培训计划、实施培训计划与管理提供了具有科学价值的反馈信息,为改进培训系统与效果提供可靠的依据。宣传培训成果,促进酒店各级管理层对培训的重视和支持,以形成良好的培训环境。

下面提供一份××连锁酒店培训课程及内容的范本,仅供参考。

【范本】▶▶

××连锁酒店培训课程及内容

1.管理人员培训的课程及内容

管理人员的培训课程及内容如下表所示。

管理人员的培训课程及内容

序号	培训课程	内容
1	本酒店的发展与理念	(1)本酒店的发展和愿景 (2)本酒店的经营理念 (3)本酒店组织结构和管理系统 (4)本酒店企业文化和核心价值观 (5)本酒店产品和服务的特点
2	本酒店的市场和销售政策	(1)市场细分的重要性和必然性 (2)市场细分与定位的方法和步骤 (3)价格政策 (4)开业销售流程 (5)销售分析与计划 (6)销售报表分析
3	前台PMS系统操作和报表	(1)销售平台和CRS系统介绍 (2)PMS系统的预定、登记、查询和结账功能 (3)PMS系统的账户审计 (4)PMS系统的报表和分析

续表

序号	培训课程	内容
4	客房管理与运行标准	(1) 客房服务的质量要求 (2) 客房清洁卫生的标准 (3) 公共区域的卫生标准 (4) 客房物品计划管理 (5) 客房设施和保修流程 (6) 客房人员配置和评定
5	前厅管理与运行标准	(1) 前厅服务营销理念 (2) 接待程序和要求 (3) 预定流程和管理 (4) 房态控制和排房技巧 (5) 夜间稽核 (6) 前台人员配置和评定 (7) 宾客投诉处理
6	餐饮服务	(1) 餐厅服务标准 (2) 酒水管理 (3) 采购和成本控制 (4) 食品卫生
7	财务制度和规定	(1) 政府财政政策 (2) 基础会计概念 (3) 各类报表分析 (4) 经营预算和差异分析 (5) 酒店财务制度
8	酒店人力资源管理	(1) 人力资源的基本概念 (2) 组织结构设计的原则 (3) 马斯洛的人的需求层次理论 (4) 人力成本的预算及配置 (5) 酒店的人事制度 (6) 员工招聘与面试技巧 (7) 员工的业绩评估 (8) 员工动力因素的分析和控制
9	质量管理体系和标准	(1) 现代酒店质量的定义 (2) 酒店质量管理的国际标准 (3) 酒店质量管理体系 (4) 酒店质量标准和实施方法 (5) 酒店质量管理的管理模式 (6) 宾客投诉和质量管理
10	酒店培训体系	(1) 酒店培训体系 (2) 培训需求分析 (3) 培训计划和实施 (4) 培训评估 (5) 编制培训计划和实施方法

续表

序号	培训课程	内容
11	酒店安全管理	(1) 酒店业的安全相关法律 (2) 酒店消防与安全要求 (3) 客房钥匙管理 (4) 宾客意外事件的处理 (5) 酒店突发事件的应急方案 (6) 消防和安全设备的使用方法 (7) 日常安全检查
12	国内外连锁酒店集团的发展	(1) 酒店业的发展历史和趋势 (2) 国内外连锁酒店的发展状况 (3) 连锁酒店集团的优势 (4) 连锁酒店信息共享的收益 (5) 国内经济型酒店的现状与发展前景
13	现代酒店营销管理	(1) 酒店的需求分析及对策 (2) 酒店客源市场的细分 (3) 酒店SWOT分析方法 (4) 酒店客源资料收集与分析方法 (5) 对竞争对手的分析方法 (6) 酒店目标市场营销战略选择 (7) 酒店价格制定方法与策略
14	酒店收益管理	(1) 收益管理的原理和方法 (2) 客房库存管理 (3) 价格折扣制定 (4) 住宿天数控制管理 (5) 收益管理相关公式 (6) 收益策略 (7) 市场细分 (8) 旺季策略 (9) 可供房控制策略 (10) 预测要素和数据
15	沟通管理	(1) 有效沟通的原理和原则 (2) 酒店组织沟通的有效方法 (3) 组织管理幅度对沟通的影响 (4) 非正式组织的沟通手段 (5) 人际沟通类型选择 (6) 酒店各部门间沟通协调的必要性 (7) 导致沟通成功或失败的假设 (8) 有效的人际沟通障碍 (9) 对员工冲突问题的处理方法 (10) 对宾客意见和投诉的处理方法

续表

序号	培训课程	内容
16	品牌管理	(1) 现代品牌的含义与发展 (2) 品牌资产的价值 (3) 品牌识别概念与企业识别 (4) 品牌定位 (5) 优化品牌识别系统 (6) 品牌传播要素及策略 (7) 品牌设计方案及风格个性体现 (8) 品牌评估的方法及模型 (9) 品牌评估系统及应用
17	领导艺术和科学	(1) 领导的定义和功能 (2) 领导的类型及其效应 (3) 领导艺术及其心理依据 (4) 领导特征与能力的来源 (5) 如何选择领导方式 (6) 树立公司的价值观念 (7) 酒店总经理的工作框架和角色
18	法规与国际惯例	(1) 旅馆法的产生和发展 (2) 旅馆法的基本内容和作用 (3) 旅馆与有关业务部门之间的相互权利义务 (4) 现代酒店的义务与权利 (5) 其他相关法律和法规
19	酒店工程设备维护管理	(1) 酒店工程设备维护的职责 (2) 酒店能源费用的分类和比例分析 (3) 工程设备维修与设备更新 (4) 工程设备维修的工作程序 (5) 工程维修的工作评价 (6) 工程维修保养计划 (7) 工程维修费用预算

2.酒店基层员工的培训课程和内容

酒店基层员工的培训课程及内容如下表所示。

基层员工的培训课程及内容

序号	培训课程	内容
1	迎新培训	(1) 总经理致欢迎词 (2) 酒店介绍 (3) 本酒店介绍 (4) 部门责任与义务 (5) 酒店参观和介绍

续表

序号	培训课程	内容
2	员工行为规范	（1）酒店《员工手册》 （2）酒店安全措施与防范 （3）礼貌礼节和服务用语 （4）酒店的仪表仪容基本要求
3	酒店文化和理念	（1）酒店的愿景与任务 （2）酒店企业文化 （3）酒店核心价值观 （4）经营理念
4	酒店服务	（1）微笑服务的重要性 （2）影响微笑服务的因素 （3）关注宾客的意义 （4）关注宾客的技巧 （5）主动服务的意识 （6）VIP的接待规范
5	仪表仪容与礼节礼貌	（1）本酒店的仪表仪容基本要求 （2）本酒店的仪表仪容禁忌 （3）本酒店的礼节礼貌要素 （4）中西方文化差异在礼节礼貌上的体现
6	接听电话技巧	（1）接听电话的规范用语 （2）电话技巧 （3）注意事项
7	处理宾客投诉	（1）倾听的技巧 （2）处理投诉的流程 （3）服务案例分析
8	酒店安全防范	（1）酒店安全工作的重要性 （2）防盗、防灾、防火等的处理技巧 （3）酒店安全防范的案例 （4）突发事件的处理步骤

第三章 经济型酒店推广

导言

近年来,酒店网络推广越来越受人们重视。酒店网络推广的开展不仅可以减少销售环节,降低运营成本,提高工作效率,还能为顾客提供更低价、更优质的服务。为此,酒店业必须尽早认识并采取主动而有效的网络推广策略,来提升酒店的市场竞争力。

第一节 自建网站推广

互联网每天都在更新信息,谁先一步掌握信息,谁就领先于市场。在快速发展的互联网平台中,网站就像一个与外界沟通的窗口,它使人们不管在哪里,只要能上网,都会了解到你想要了解的信息。很多酒店也都开始建起了自己的官方网站。

一、自建网站的作用

随着近年来旅游业及周边休闲产业的进一步发展,国内各大城市星级规模酒店的发展也随之加快。快速扩张的酒店规模、不断提升的人工成本以及酒店用品采购导致传统酒店业竞争日趋白热化,使得酒店实际利润增长日趋有限,酒店业面临的经营挑战不断加大。面对如此困局,酒店应在这种竞争环境中,通过建立自身网络营销系统来谋求良好的发展。

具体来说,酒店自建网站的作用如图3-1所示。

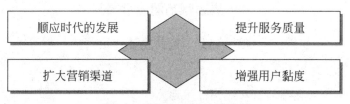

图3-1 酒店自建网站的作用

1.顺应时代的发展

建立自身的网络营销系统是酒店顺应时代潮流的标志之一，由于酒店业归属于传统行业之一，在信息化时代传统行业不顺应时代潮流，就必然遭到市场淘汰，因为现在的酒店订单更多的是来自客人通过手机或电脑网络等移动设备的在线预订形成的。如今互联网+时代已经到来，酒店的战略化策略必须与互联网+无缝链接才能实现传统酒店业的升级转型。

2.扩大营销渠道

随着当今社会智能化产品的不断完善，酒店与OTA（在线旅行社）的合作已经不是唯一的营销推广战略了，毕竟除了OTA，客人还可以通过搜索引擎、网站、微信公众平台等途径寻找到自己满意的酒店。所以这个时候酒店也需要通过多途径进行全方位的网络推广营销，OTA只是酒店营销推广的战略之一，但并非唯一。

3.提升服务质量

酒店可以通过建立网络营销系统，提升酒店服务质量，在该系统下客户可以通过对酒店环境、卫生、服务等进行点评，对酒店服务人员进行最好的监督，从而提升酒店的服务质量。

4.增强用户黏度

该系统可以帮助酒店形成良好的会员制度，它可以通过系统后台强大的功能、便利性和沟通平台帮助酒店转化和培育酒店会员，进一步增强酒店用户的黏度。

由此可见，建立酒店自身的网络营销系统是以"引流准客户，培育会员客"为目标，来帮助酒店实现自主营销，提升客房入住率。所以酒店只有建立自身的网络营销系统，全方位地实现战略营销，才能摆脱OTA的强食，成功从市场中脱颖而出。

二、网站栏目设计

不同品牌、不同档次的酒店，其风格也不一样，因此在建设网站时，应按酒店的实际情况来设计功能模块。

下面提供一份××酒店网站建设方案书的范本，仅供参考。

【范本】▶▶

××酒店网站建设方案书

第一部分：网站主要介绍

1.网站风格

网站属性：专业连锁酒店在线预订网站。

2. 网站建设目标

（1）树立酒店良好的公众形象；提高知名度与顾客网上搜索率。

（2）为酒店提供网上预订平台。

（3）让顾客及时了解优惠信息、特色活动信息；吸引更多的潜在客户预订。

（4）吸引更多的客户，为现有的客户提供更有效的服务。

（5）建立完善的网上预订服务系统，提高预订管理效率，建立完善的跟踪系统。

第二部分：网站栏目结构介绍

1. 网站首页

网站首页是连锁酒店网站的第一窗口，是决定客户对连锁酒店第一印象和认知度的关键页面，首页的布局和页面风格的设定对网站整体定位起着决定性的作用。我们将为您量身定制独有的风格和整体形象结构的网站首页，突出"连锁酒店"个性化设计，对外展示公司的良好形象，为浏览者创造良好的视觉效果！

2. 集团简介

本栏目主要是对连锁酒店的介绍和说明，介绍公司概况、特色和服务宗旨，还可以包括公司的历史、大事记、企业文化、公司荣誉等信息，让顾客对其即将入住的酒店产生更强的信任程度，从而进一步刺激消费者，把无形的介绍转化成有形的消费。二级栏目包括：集团介绍、品牌故事、总裁致辞、企业文化、大事记等。

3. 新闻资讯

以信息发布形式公布公司的新闻资讯、行业动态以及媒体报道等连锁酒店信息。让客户在入住酒店之余可以了解更多的公司新闻信息。二级栏目包括：公司新闻、促销优惠、媒体报道。

4. 酒店预订

以电子表格形式在线填写订房信息，浏览者在此填写姓名、手机号、订房房型、人数、入住天数、到店日期、离店日期、联系方法等信息，确认后这些信息将提交给酒店后台管理员。二级栏目包括：酒店预订、地图预订、价格查询、订单管理（后台）。

5. 品牌汇

主要是为连锁酒店的个人会员提供用户注册、登录、会员预订、点评功能。会员登录会员中心可以享受会员酒店预订折扣，查看自己的酒店订单、积分，修改联系信息、密码，查阅自己历史订单等。二级栏目包括：我的订单、我的点评、我的资料、我的常住酒店、会员权益、会员公告、会员手册、会员点评。

6. 客人点评

本栏目是一个互动动态栏目，是网站管理者获得网站访客反馈信息的一个重要来源。它主要是提供了一个公共的信息发布平台。在这一栏目中，入住酒店的客人登录会员中心可以发布对酒店的入住体验点评，酒店可以针对客人的点评进行回复。二级栏目包括：客人点评、酒店回复。

7. 会员中心

主要是为连锁酒店的个人会员的权益介绍以及常见操作指南等内容。二级栏目包括：会员权益、会员公告、会员手册、会员点评。

8. 人才招聘

在这一栏目中，对于对贵公司感兴趣的人才提供一个毛遂自荐的机会，为贵公司网罗各路精英，充实实力，加快发展，同时也体现了酒店对人力资源的重视。企业要发展，人才库的装备是必不可少的。二级栏目包括：人才战略、人才招聘。

9. 联系我们

这是客人和酒店之间联系沟通的渠道，对于对贵集团感兴趣的潜在客人提供酒店的详细联系方式，便于访问者和酒店的及时沟通。二级栏目包括：联系方式、酒店地图。系统提供一键导航功能，方便客人入住。

10. 附属栏目

本栏目是一个附属栏目，可以增加一些网站实用工具信息，例如网站流量统计系统、二维码、微信信息等。二级栏目包括：友情链接、联系我们、免责条款、酒店加盟、酒店登录等。

11. 网站预订相关功能描述

（1）酒店搜索。入住日期、离店日期、酒店位置、价格范围、酒店关键词（酒店名称）。

（2）地图搜索。酒店位置、酒店关键词（酒店名称）。

（3）酒店预订信息。房间信息（面积、楼层、房型、床型、加床、早餐、宽带）、预订价、入住日期、离店日期、周末价、平时价、特殊日期价格、是否含早、返现金（入住后点评）。

（4）酒店预订订单信息。①房型、价格；②确认方式（短信、固话）；③入住人数、入住姓名；④入住日期；⑤离店日期；⑥预订人姓名；⑦预订人手机；⑧最早到店时间；⑨最晚到店时间；⑩其他需求（加床、电脑房、无烟房）加床要注明需另加价。

（5）个人会员中心。我的酒店订单；我的积分；我的信息；我的常住酒店；我的酒店点评；我要点评；最近访问酒店；个人账户信息；修改资料。

（6）酒店会员管理后台。更新酒店信息；房型信息登记；客房预订管理；酒店点评管理；酒店地图标注。

（7）预订帮助。新手上路；预订流程；奖金提现；售后服务。

（8）酒店点评。点评等级；会员预订成功入住后登录会员中心点评；酒店可以查看针对自己的点评，可以对点评进行回复。

第三部分：网站程序介绍

略

三、网站建设的要点

一个好的网站会增加用户对酒店的信任度，是用户了解酒店的直接途径之一。因此在网站建设时，要注意图3-2所示的要点。

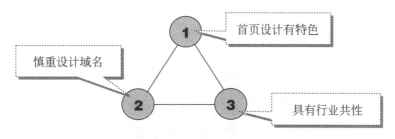

图3-2　网站建设的要点

1. 首页设计有特色

首页的设计要突出酒店行业的特殊性，具体要求如下。

（1）在设计上尽量个性化，并以动画来展示酒店的整体形象，方便浏览者多方位了解酒店。可简要说明酒店的概况、特色、接待能力和服务宗旨，还可以介绍酒店的一些成功案例和接待过什么样的人物及举办过的某些大型活动。如图3-3所示酒店网站首页设计界面截图。

图3-3　酒店网站首页设计界面截图

(2)在房间介绍中,可推荐几个不同档次的房间来满足不同层次的消费者。

(3)在方案实现上,可结合图文效果进行更直观的展示。

2.慎重设计域名

酒店网站的域名就像每个家庭的门牌号码一样,既要好记又要好听,可以采用数字、拼音、英语、缩写的形式。一个好的域名应该具有简洁性,避免过长的字符导致记忆的困难,设想一下,用户想浏览你的网站,但是域名记不牢导致反复输入也无法准确访问,那样用户就会烦了,转而选择同行酒店网站好听、好记的域名去解决需求,那样就得不偿失了。

此外域名还应该考虑到网络的国际性,兼顾国际的用户。域名具有唯一性,一个域名一旦注册成功,任何其他机构都无法注册相同的域名。域名是酒店网站重要的网络商标,在网络营销中起到酒店网站标识的作用,在进行域名的命名时,要考虑到域名与酒店网站的名称、标识相统一。

> **小提示:**
>
> 一个好的域名事关未来酒店网站网络品牌形象成功树立的大局,也是网站权重与后期打响网站品牌的关键因素之一,所以选择域名要三思后再决定。

3.具有行业共性

建设一个网站,首先考虑酒店所属的行业特点。

比如,我们随意在网上搜索下制造业、化妆品行业,在跳出来的各个酒店网站中点击,你会发现,同一个行业的网站,或多或少的都存在着共同之处,有的是网站的设计风格类似;有的是版面、布局类似;有的是栏目架构类似。

这些共同点,象征着同一个行业的共性,也是用户对这一行业所熟悉的部分,所以某些共同点是酒店在建设网站时需要借鉴和参考的。

酒店网站建设会有其根本需求,具体有以下几种。

(1)有的酒店把网站作为网络品牌的形象,所以注重品牌的塑造,重视页面的设计感。

(2)有的酒店用网站来销售公司产品,在网站设计上不强调浓重的设计感和创意,而是重点突出产品的展示和销售。

(3)有的酒店突出网站与用户的互动性,采用Flash游戏、360度全景、3D等效果增强网站的趣味性等。

总之,每个网站都有自身的行业特点及酒店网站本身的建站需求,想要建设一个适合酒店自身的网站,就需要在建站前明确好网站建设的主题方向,莫求大而全,也不要盲目追随，要根据自身实力做好相应判断，为酒店网站建设定好位。

四、酒店网站本地化技巧

酒店要想推广自己的特色，突出地方体验，就要确保自己的网站能鼓励潜在客户直接预订，具有引人入胜的在线旅游资源。对此酒店可按图3-4所示的技巧来将网站本地化。

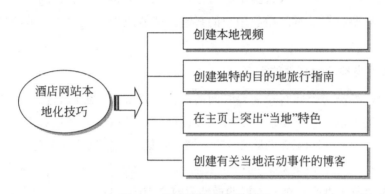

图3-4　酒店网站本地化技巧

1. 创建本地视频

根据Google的游客决策报告，66%用户在进行旅行决策时，会观看有关旅行的视频。因此如果酒店的主页有视频内容，就可以在瞬间吸引观众，激发他们幻想在入住酒店期间可以进行什么样的度假。

酒店可创建一个简短的视频，内容可展示本地最好的景点介绍，如各大公园、徒步旅行线路、当地热闹的夜生活、文化亮点或距酒店几步之遥的美丽沙滩等；或者多捕捉当地节日活动的镜头，如美食节、现场喜剧演出、艺术展览和农贸市场等，把目的地包装为全年任何时候都有丰富多彩的特色活动。这种引人入胜的视觉享受能够给客户充分的理由进行最后的酒店决策，并刺激他们一步步做出其他预订决策。

2. 创建独特的目的地旅行指南

虽然宣传视频能让游客对酒店有所了解，但是要想让客户对附近的景点有更深刻的了解，还需创建一个专门页面。

这点上酒店可借鉴Airbnb的成功经验，Airbnb做了以此为主题的指导手册，每个手册都展示了Airbnb房主推荐的最好的本地景点，每个景点都包括书面说明，并在地图上标明距离酒店多远，并附加景点官方网站链接。一个专门的页面可作为游客的"导游"，带领游客预演一遍目的地旅程。但更重要的是，它可以把酒店定位为住宿之余游客在停留期间可以信赖的有益又知识丰富的一大资源。

3. 在主页上突出"当地"特色

据统计，55%的用户在网站停留的时间少于15秒。因此在用户打开酒店主页的那一刻，就要呈献给他们一个令人信服的留下来的理由。

虽然客户浏览酒店网站明显是为了了解房间和配套服务设施，但酒店主页可以做得更多，它可以突出独特的本地体验，让客户心动，成功给他们留下深刻印象，让游客了解此行的价值。在主页中加入目的地的特色简介也许能帮助酒店在同行中脱颖而出、与众不同。酒店只要在第一时间激起用户的兴趣，就能成为用户深入了解酒店的强有力的理由。

4. 创建有关当地活动事件的博客

毫无疑问，维护一个博客是需要时间的，但只要方式得当，它就能够成为宣传酒店附近景点强大的资源。当然酒店在进行内容创建时，换位思考客户真正在乎什么样的体验是很重要的。浏览点评网站并要求客户反馈是收集有益意见的一种简单方法。

酒店可以写一些非常受欢迎的音乐表演场地、当地人喜爱的美食餐厅、热门话题、顶级免费家庭出游景点或者逃避人群的最佳海滩之类的内容。

新文章除了可将游客吸引到酒店网站外，同时还可为电子邮件营销提供灵感。个别文章还可以重新包装成一个完整的目的地指南，为订阅了该信息的用户提供免费下载。

> **小提示：**
>
> 通过建立鼓舞人心的内容来将酒店网站本地化，使潜在客户预订酒店的理由也将不只是房间是否舒适。

第二节 微信公众号推广

酒店建立自己的官方微信公众平台已经成为酒店业的"新常态"。选择微信公众号进行酒店产品推广，不仅能够帮助酒店树立品牌形象，而且对于酒店来说，这是以最小的投入成本达到最大的宣传效果，能为酒店的市场营销带来意想不到的效果。

一、微信公众号的创建

1. 公众号类型的选择

微信公众号分为公众平台服务号和公众平台订阅号，两者的区别如表4-1所示。

表 4-1 订阅号与服务号的区别

项目	订阅号		服务号	
服务模式	为媒体和个人提供一种新的信息传播方式,构建与读者之间更好的沟通与管理模式		给企业和组织提供更强大的业务服务与用户管理能力,帮助企业快速实现全新的公众号服务平台	
适用范围	适用于个人和组织		不适用于个人	
基本功能	群发消息	1条/天	群发消息	4条/月
	消息显示位置	订阅号列表	消息显示位置	会话列表
	基础消息接口	有	基础消息接口/自定义菜单	有
	自定义菜单	有	高级接口能力	有
	微信支付	无	微信支付	可申请

从表4-1可以看出,订阅号与服务号还是有很大区别的,那么酒店行业创建微信公众号是选择订阅号还是服务号呢?

对于酒店来说,创建微信公众号的主要目的是通过推广酒店产品,提升酒店实际收益,树立企业品牌形象。酒店行业的企业官微实际上是侧重"用户运营"的一个渠道。因此大多数媒体的企业官微都是订阅号。这是因为媒体需要实时推送最新的资讯,粉丝之所以关注也是希望可以获取实时资讯,所以类型和粉丝的需求是匹配的。

但是作为服务行业的酒店企业官微,应该更加注重"用户服务和管理",而不是一直推送酒店单方面想要推送的资讯,换句话来说,酒店企业官微粉丝的需求更加偏重于"服务交互",例如获取酒店的趣味体验机会、特价产品等,所以酒店行业在选择官微注册的时候,最好选择"服务号"。

2. 公众号框架的搭建

公众号的框架是展示给粉丝的第一印象,可以很清楚地让粉丝知道关注你的官微能够获得什么。

不同行业的粉丝有不同的习惯,有的侧重"促销",有的侧重"内容",有的侧重"互动"。对于酒店的公众号来说,其框架的搭建可以参考图3-5所示的模式。

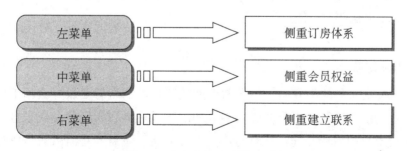

图3-5 公众号框架的搭建模式

二、微信公众号的运营

酒店微信公众号不仅能够增强酒店与客户间的互动与沟通,而且可以使酒店信息在客户社交圈中得以分享。可以这样说,公众号推广做得好不好,直接关系到酒店的声誉与利润。基于此,酒店可以按照图3-6所示的要求,来加强微信公众号的运营。

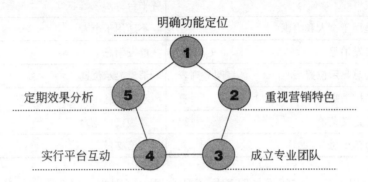

图3-6 酒店做好微信营销的要求

1.明确功能定位

酒店需要制定出行之有效的营销战略,根据微信公众平台的实际特点,确定其在营销体系中的应用范畴。在使用公众账号之前,一定要对其有一个全面的认知,并将酒店特色充分融入其中,明确其运营的实际功能,定位好公众号在酒店营销体系中所扮演的角色。从根本上讲,微信公众账号的运营目标就是发展客户,因此酒店必须将服务放在经营的首位。

2.重视营销特色

营销特色是酒店吸引用户的关键,在运用公众账号进行消息推送时,需要在满足用户需求的基础上,打造自身独特的风格,无论界面设计,还是信息内容,都需要将酒店特色凸显出来。

> **小提示:**
>
> 酒店可以抛弃传统的图文推送方式,运用视频动画等新颖方式来使信息更加具有趣味性,从而达到吸引用户的目的。

3.成立专业团队

实际上,公众账号的经营是一项非常专业的工作,酒店想要做好这项工作,就需要成立一支专业的经营团队,而且要配备专业的运营人员为酒店经营公众账号。经营团队不仅需要了解用户的消费心理,及时与用户进行沟通,还需要对酒店的特色与经营文化非常熟悉,从而确保公众账号的风格同酒店风格相同,为酒店吸引更多用户。

4. 实行平台互动

互动性是微信的一个主要特点，公众平台实际上也具有很大的互动性，因此酒店可以将这一特点充分利用起来，通过微信来联系用户，从而实现与用户之间的实时互动。

微信公众号只有两个窗口可以与客人互动：消息管理和留言管理。消息管理中的信息是客人直接在公众号输入的信息（48小时内回复，过期将无法回复）；留言管理是客人在您推送的公众号文章后面进行的留言。酒店前台可担任客服的工作，起个好听好记、亲切感强的名字，如"小呼"，在轮班时对客人信息进行回复。

另外酒店还可以通过GRO定期回访一些重要客户，了解用户所需，及时反馈用户信息。

5. 定期效果分析

每周对公众号图文和用户的数据进行统计分析，为后续文章推送内容、时间等提供优化指导。

（1）用户分析。用户增长量（最近7天内新增、取关、净增、累积人数）和用户属性（男女比例、省份和城市分布情况）。

（2）图文分析。可分析出客人阅读文章是通过公众号直接打开，还是通过好友转发或朋友圈转发，以此来调整文章标题和内容。

三、微信公众号的推广策略

在酒店营销过程中，应当以微信公众号为基础不断扩大品牌的营销力，从而吸引更多客户。虽然在当前的酒店微信公众号营运过程中依然存在多种问题，但是酒店想要通过公众号获得更多用户，则应当采取必要的对策，具体如图3-7所示。

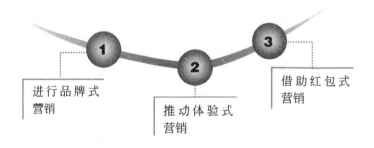

图3-7　微信公众号的推广策略

1. 进行品牌式营销

酒店可借助多种方式确保微信用户对酒店微信公众平台予以认可和关注，进而提升公众对于微信公众平台的认知和认同感，确保将网络的关注转化为现实购买。在此过程中可从图3-8所示的几个方面入手。

策略一 不断拓展公众平台的推广渠道,通过朋友圈关注、微信文章扫描二维码关注以及物件关注等多种方式进一步增加微信公众平台的关注数量

策略二 选择更加简单和容易查找的公众号名称及图像以及位置签名等,从而确保其能够和酒店名称相符合,确保其具有较强的识别性,更需要保证微信公众号的独特性和不可复制性

策略三 进一步提升公众平台界面的友好性和美学效果,保证广大用户在实际使用过程中能够更加便捷地获取相关资讯

策略四 对潜在性客户群体进行主动定位,借助位置服务技术,对潜在性受众进行搜索和定位,通过主动定位等方式将产品和促销的相关信息精确推送到周围用户,最终实现酒店的营销

图3-8　酒店进行品牌式营销的策略

2. 推动体验式营销

体验式营销在充分满足广大用户信息获取和产品消费的同时,应当进一步提升体验服务的基本层次。在全面了解客户基本特征的同时,应当对客户和酒店的接触界面进行全面化的设计,从而充分借助微信公众平台为客户创造最美好的消费体验。在确定接触界面的同时,应当形成微信公众平台的业务实现情景,确保平台相关功能的实现。酒店可从表3-2所示的几个阶段来推动微信体验式营销工作的展开。

表3-2　开展体验式营销的阶段

序号	营销阶段	具体说明
1	营销推广阶段	在营销推广阶段,应当借助优惠卡和特定优惠产品以及特色餐饮品尝等多种方式促使广大受众关注微信,并在微信官网多媒体上完成公司产品服务的展示,与此同时更要设置微信抽奖环节,促使大家完成购买
2	实际购买支付阶段	在实际购买支付阶段,以公众平台为基础对酒店的实际位置进行查询和导航,并提供实景看房功能,以确保受众能够更加真实清楚地了解酒店的相关信息
3	完成购买之后	在完成购买之后,酒店应当以订单信息为基础,提供服务交付之前的信息通知。对于全新顾客则应当通过微信了解其实际爱好,从而提供个性化的服务套餐。而对于老客户应当通过微信为其制定科学的服务方案,并获得客户的认可和确认,在客户确认之后,应当获得个性化和针对性的服务
4	入住酒店之后	进入酒店应当通过扫描二维码或者信息推送的方式,使客户在极短的时间内了解入住的基本流程。客人在进入酒店房间之后,如果存在需要投诉的内容,则应当通过微信平台将编辑好的文字和图片发送到前台,以完成问题的快速处理

续表

序号	营销阶段	具体说明
5	酒店住宿阶段	在酒店住宿阶段，针对酒店服务的相关内容也可以通过微信完成。当前在多个知名酒店中已经形成了以微信商城为基础的床上、卫浴以及家具等多种体验式家具消费电商平台，在顾客产生购买意愿之后，便可以通过二维码扫描的方式完成下单，并快递送货上门
6	离开酒店阶段	在客户离开酒店过程中，顾客可以通过微信公众平台完成结账、离店手续以及发票领取等多种手续办理，而查房的相关情况也可以通过微信告诉顾客

3. 借助红包式营销

作为微信于2014年最新推出的一种重要功能，微信红包实现了货币的电子发放和查收以及提现，而微信红包因为其实际操作简单，金额由个人进行设定，具有较强趣味性和吸引性，符合用户的心理需求，所以能够在网络上快速发展，并获得广大受众的认可。因此酒店可借助于红包做好公众号的营销，具体策略如图3-9所示。

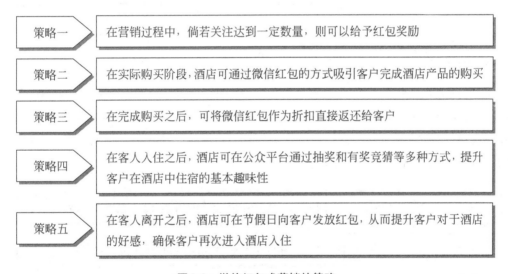

图3-9　微信红包式营销的策略

四、微信公众号的加粉技巧

对于酒店来说，微信公众号营销第一步就是有数量众多的粉丝，通过在粉丝中推广营销来提高受众，增加潜在客户。当微信公众平台有了一定数量的"粉丝"之后，营销计划才可能会有效果，才能看到微信营销的威力。

> **小提示：**
> 在微信中，用户可以经过扫描辨认二维码身份来关注酒店公众号。酒店可以设定本品牌的二维码，用折扣和优惠来招引用户重视，拓宽微信营销的推广形式。

1. 吸引粉丝

酒店要利用微信吸引更多的粉丝，可以采取线上线下相结合的方法进行，尽量争取更多的粉丝，并努力将他们发展成自己的客户，具体技巧如图3-10所示。

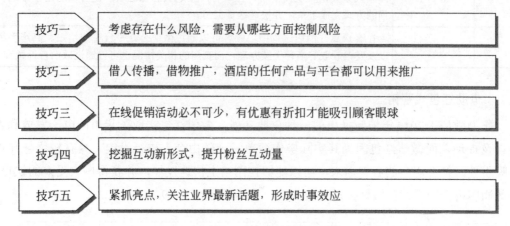

图3-10 吸引粉丝的技巧

2. 线下推广

线下永远是搜集微信精准粉丝的最佳渠道，所以酒店一定要做好线下客户的积累，而不是盲目地利用各种网络渠道去推广公众号和二维码。微信营销不在客户数量而在客户质量，只要有精准的粉丝，就算粉丝量只有几百人，都能把粉丝非常有效地转化成消费者。具体方式如图3-11所示。

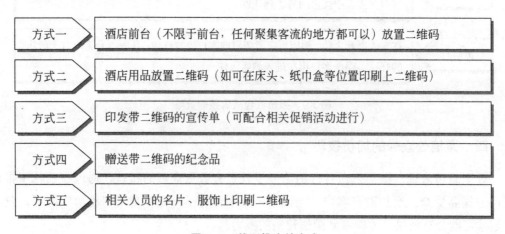

图3-11 线下推广的方式

3. 线上推广

酒店也可通过图3-12所示的方式加大线上推广力度，以获取更多的粉丝。

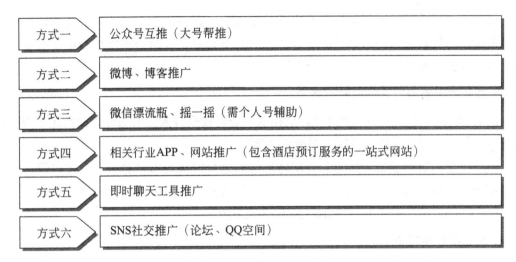

图3-12 线上推广的方式

在完成最初的粉丝积累后,通过对微信公众号的日常维护,可以将优惠信息推送给顾客,刺激顾客二次消费;也可以通过公众号和粉丝互动,提升顾客活跃度;或者是推送美文通过软性的营销手段塑造企业品牌形象,提升品牌在顾客心中的形象。

五、微信公众号的图文推送

做好公众号推广的一个关键点就在于我们所推送的内容除了要与酒店特点紧密结合外,更应该从宾客的角度去着想,而不是一味地推送乏味的酒店内容。因为我们所使用的公众号不是为酒店服务的,而是为宾客服务的,只有能从你的信息当中获得想要的东西,宾客才会更加忠实于你,接下来的销售才会变得理所当然。

1. 推送原则

酒店在利用微信公众号向宾客推送图文信息时,对推送时间及内容应把握图3-13所示的三点原则。

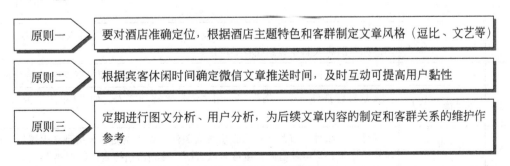

图3-13 微信图文推送的原则

2. 推送的注意事项

向粉丝频繁地推送消息可以提高企业的曝光率，也可能会招致粉丝的反感，让粉丝取消关注。所以在推送内容的选择上需要经过仔细选择，及时分析微信数据，根据数据调整微信推送的内容。

3. 推送时间要与客人休闲时间吻合

文章的推送周期最好是每周 1 次，这样就不会打扰到客人。如遇节假日推送促销活动信息等，可增加推送次数，或以多图文形式推送。

每周推送的时间最好能固定，利用休闲或碎片化时间可以培养客人阅读习惯，而且不会被网络信息快速覆盖。推送公众号文章最好的四个时间段为早上 7:00～8:00，中午 12:00～13:00，晚上 18:00～19:00，21:00～22:30。

4. 文章标题要吸引人

标题分为主标题和副标题，在海量的信息中，让客人在 3 秒内就决定是否要打开该文章，标题亮度的贡献率在 50% 以上。

（1）标题的基本要求。一般来说，标题应达到图 3-14 所示的 3 个要求。

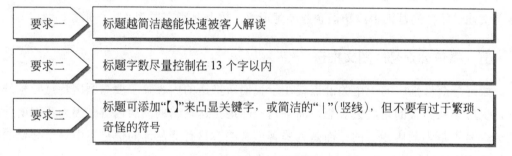

图 3-14 标题的基本要求

（2）标题类型。标题可分为表 3-3 所示的几种类型。

表 3-3 标题的类型

序号	类型	具体说明
1	以"悬"引人	标题埋下伏笔，增加趣味性、启发性和制造悬念，引发客人阅读正文的欲望。如"酒店人职业病到底有多可怕？"
2	以"利"诱人	在标题中直接指明利益点。如"注册××酒店会员，即可享受99元特价房"
3	以"情"动人	文章标题抓住一个"情"字，用"情"来感动客人。如"3年的辛苦付出，一份让她泪流满面的礼物"。
4	借"热点"	抓住热门事件、节假日热点吸引客人关注。如"圣诞节客房预订火爆的酒店居然是这家！"可以借助百度搜索风云榜、搜狗微信搜索来捕捉热点
5	列数字	数字给人信任、权威的感觉，可以营造视觉冲击力吸引眼球。如"3天时间，这家酒店预订量超过××万元！"

5. 文章内容要符合酒店特色

文章要避开敏感、带有政治色彩的词汇，以积极、阳光、健康的内容呈献给客人。

（1）文章的类型。酒店可为消费者推送图3-15所示的几类文章。

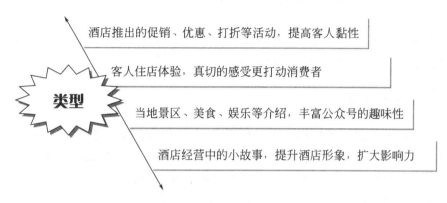

图3-15　推送文章的类型

（2）文章的内容。公众号所推送的文章应层次清楚、简洁流畅，并融入一些趣味元素。开头要有代入感，激发客人阅读的兴趣；中间部分简明扼要地向客人传达信息；结尾呼应开头，刺激客人预订酒店等；文章底端设置酒店二维码，提醒客人扫描关注；"阅读原文"里可设置酒店预订页面链接，引导客人快速下单。

（3）文章的排版。文章排版风格要统一、简洁美观。可以直接利用微信后台的编辑器进行排版，还可利用第三方平台排版工具，复制编辑好的内容直接粘贴到微信后台。如图3-16所示亚朵酒店微信公众号截图。

图3-16　亚朵酒店微信公众号截图

第三节 微博推广

随着微博的出现与蓬勃发展,微博推广越来越受到酒店业的青睐。微博不仅是一个交流平台,更是营销和传播的电子商务平台。

一、微博推广的策略

实践证明,酒店通过微博不仅可以有效地去感知顾客需求,提升酒店知名度,还可以较低的成本维系顾客关系,扩展客户资源,让酒店产品和服务信息传递出去。因此酒店应当注重开发微博推广的商务价值,采取正确的推广策略,使微博在营销中发挥更大的作用。具体如图3-17所示。

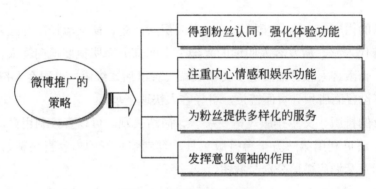

图3-17 微博推广的策略

1.得到粉丝认同,强化体验功能

酒店微博不能仅满足于介绍产品功能、价格以及服务,更要注重让消费者建立起对产品的感官体验和思维认同。要利用微博平台开展体验活动,让消费者通过参与深入理解和体验品牌内涵,进而认同品牌并逐渐酝酿起购买冲动。

(1)扣人心弦的体验主题。微博体验主题要在强调用户体验的同时融入酒店品牌基因。

比如,香格里拉酒店集团携手新浪微博开展的"我的香格里拉"摄影大赛活动,邀请微博粉丝透过镜头捕捉"香格里拉"优雅、自然、宁静、迷人和关爱的精神气质,粉丝踊跃参与,共收到3000多幅照片,他们用镜头捕捉和诠释了自己心中的"香格里拉",所有照片于2011年12月至2012年6月在北京国贸大酒店、上海浦东香格里拉大酒店、广州香格里拉大酒店和成都香格里拉大酒店巡回展出,吸引更多人成了香格里拉的粉丝。

(2)多样化的体验形式。微博体验包括多种体验形式。

① 主题讨论。博友们可针对特定主题进行充分的讨论和沟通，阐述并分享各自观点，不断加深对主题的理解和体会。

② 图片欣赏与作品创作。图片极具视觉冲击效果，与体验主题相关的图片分享，有助于深化旅游酒店粉丝们的品牌体验。

比如，香格里拉酒店集团开展的"美图与美文"，同大家分享曼谷之旅的美食、美景，极受粉丝欢迎。

对酒店而言，满足粉丝需求是其微博营销的目标和动力。

2. 注重内心情感和娱乐功能

微博内容要集中关注粉丝真正关心的事情，单一的产品促销和广告会让粉丝们敬而远之。因此微博内容应体现情感风格，多采用粉丝喜欢的网络语言如"亲""给力"等，并用口语化的啊、呀、耶、哦之类的词及笑脸表情来表达情感。在语言风格上，酒店可以创造富有特色的语言风格，类似于"凡客体"、华为的"I Wanna CU"，轻松有趣的语言风格容易引发粉丝的转发仿效。酒店微博还可用社会名人、高管、员工或是自创虚拟形象来为酒店代言。

比如，7天连锁酒店微博自创"小7"品牌卡通图案，形象生动可爱，让粉丝们倍感亲切。

酒店还可在微博中塑造粉丝感兴趣的酒店典型人物形象，如大堂经理、大厨、调酒师、服务生等角色，用他们的眼光和口气来阐述现实中发生的种种生动有趣的故事，汇聚成粉丝竞相追看的"酒店微博剧"。

3. 为粉丝提供多样化的服务

研究发现，有相当多的微博粉丝根据从微博上看到的信息选择酒店订房、订餐。酒店要完善信息服务和咨询建议，为微博粉丝提供多样化的信息服务和消费选择。具体措施如图3-18所示。

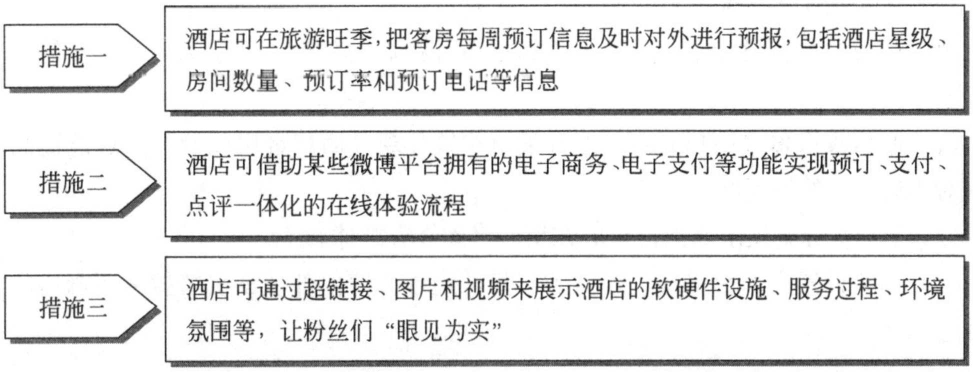

- 措施一：酒店可在旅游旺季，把客房每周预订信息及时对外进行预报，包括酒店星级、房间数量、预订率和预订电话等信息
- 措施二：酒店可借助某些微博平台拥有的电子商务、电子支付等功能实现预订、支付、点评一体化的在线体验流程
- 措施三：酒店可通过超链接、图片和视频来展示酒店的软硬件设施、服务过程、环境氛围等，让粉丝们"眼见为实"

图3-18 酒店为粉丝提供的多样化服务

4. 发挥意见领袖的作用

酒店应充分发挥微博中意见领袖的号召力，让尽可能多的目标顾客主动并且乐意接受酒店所要传达的信息，以提升微博营销的效果。

比如，香格里拉酒店集团举办的第二届"我的香格里拉"摄影大赛邀请评委包括著名电影导演田壮壮、中央美院设计学院副院长、摄影系教授王川，复旦大学视觉文化研究中心副主任顾铮和知名媒体人洪晃，引发粉丝们对该活动的大量留言和转发，用极小的成本，吸引了上万微博粉丝的高度注意，成功实现了宣传推广酒店品牌的目的。

二、微博推广的技巧

随着信息科技的不断发展和进步，酒店微博营销终将获得更多的发展空间，酒店也将从中获得更大的利益。在这一趋势下，酒店只有正确分析自身的特点与实力，合理进行市场定位，选准微博平台，把握营销技巧，才能在激烈的市场竞争中占有优势。具体如图3-19所示。

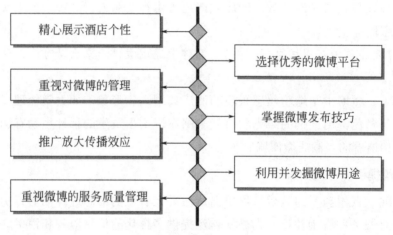

图3-19 微博推广的技巧

1. 精心展示酒店个性

酒店微博的独特设计十分重要，要精心设计酒店的头像、文字简介、标签等基本展示元素。

（1）酒店头像多采用LOGO，也有采用建筑外观、酒店客房图片等，这能提高潜在客人对酒店品牌的识别度。

（2）酒店简介则追求简洁，争取在第一时间夺人眼球。

（3）标签设置也非常重要，它是潜在粉丝通过微博内部搜索引擎搜索到酒店的重要途径。

2. 选择优秀的微博平台

选择一个有影响力、集中目标用户群体的微博平台无疑能使推广效果事半功倍。

比如，新浪以其"名人战术"这一柄利器吸引了大量用户的眼球，一举成为微博大战的领先者；而腾讯微博则集中了较多的"平民"、草根，比如大学生和一些自由职业者。

因而酒店要针对自己的特色和定位，找寻对应的微博平台来集中展示自己的风采，让别人看到酒店微博就能想到酒店品牌，也就是让你的微博成为品牌的标签。

3. 重视对微博的管理

微博作为酒店的营销工具、客户服务工具、媒体工具，维护人员必须有市场营销和客户服务背景，对消费习惯和消费心理比较了解，能够及时迅速地察觉消费者潜在的需求。同时酒店微博的管理员必须经过系统而专业的培训，不单只停留在技术操作层面上，更需要进行商业公关技巧的培训。酒店领导必须掌握用人之道，真正使微博用之有效。

4. 掌握微博发布技巧

发布微博是一项持久的连续的工作，要把它当作日常工作来抓。酒店应对自身品牌个性进行诠释，而微博内容的写作和选择至关重要，虽然是个人操作，但表现方式应以酒店为主，展示酒店的形象，应尽可能避免个人情绪化的表达方式。同时要避免成为"话痨"，因为更新速度太快反而容易导致粉丝反感。因而酒店要掌握正确的时间，向正确的目标粉丝发布正确的内容，提高收效。

5. 推广放大传播效应

获得尽可能多的被关注，是酒店微博营销的基础。酒店应尽可能地在微博平台互动，包括关注酒店业内其他同行及人物，关注与酒店业相关的行业动态，关注那些关注自己的人，转发评论他人微博等方式，以此获得他人关注。同时酒店应在营销方式上下功夫，发布的微博内容要重视原创，可以通过制作精品内容、免费赠送客房或者折扣券、巧妙借助热点事件拉近与粉丝距离、发起公益活动吸引粉丝参与互动等，从而提升酒店关注度。

6. 利用并发掘微博用途

微博是收集民意的最佳场所，酒店应指派专人维护官方微博，在第一时间回答粉丝疑问，解决他们的实际问题，让他们体验到与酒店零距离交互的价值，从而产生信任感。另外也要对前台、预订、销售等所有客人接触的部门进行微博知识培训，并利用各种与客人接触的机会进行微博推广，宣传微博也用微博宣传。

7. 重视微博的服务质量管理

酒店微博的一个重要作用是借此来传达自身专业而周到的服务质量，以吸引更多的顾客。酒店服务具有无形性特征，顾客对于服务质量的评价也难以衡量，当发生顾客在微博上抱怨事件时，酒店微博管理人员应引起足够重视，否则将迅速和大面积地影响酒店的形象。

三、微博涨粉的技巧

衡量微博推广是否成功很重要的一个指标是粉丝数。有效的微博推广需要付出多方面的努力,每个环节的失败都会给微博推广带来负面影响,而粉丝数是一个综合指标,粉丝数越多意味着微博推广总体上做得不错。

1. 微博账号的功能定位

酒店可以注册多个微博账号,每个账号各司其职。一个微博账号可能承担相对单一的功能,也可以承担多个功能。如果酒店比较大,那么在一个专门的公共关系微博账号外,建立多个部门微博账号是可取的。如果酒店的产品比较单一,那么整个企业建一个微博账号就可以了。

> **小提示:**
> 一般来说,一个微博账号可以承担了新产品信息发布、品牌活动推广、事件营销、产品客服、接受产品用户建议与反馈、危机公关等多项功能角色。

2. 普通用户参与微博的理由

如果酒店已经有了大量的用户群,那么在微博上获取其关注是相对容易的。如果酒店并不具有品牌影响力,那么在微博上获得"陌生人"的关注就需要付出更大的努力,因此要理解微博用户的社会心理需求。虽然没有具体的数据统计,但是可以从新浪"微博广场"的热门话题了解到大部分普通微博用户(非微博营销用户)参与微博的六大理由,具体如图3-20所示。

图3-20 普通微博用户(非微博营销用户)参与微博的理由

图3-20六大理由的排序大致是普通微博用户参与微博的"动机强度"排序。深入地了解这些心理是创造普通用户"喜闻乐见"的微博内容的前提。

3. 创造有价值的内容

有价值的内容就是对微博用户"有用"的内容,能够激发微博用户的阅读、参与互动交流的热情。酒店需要平衡产品推广信息与有趣性的"娱乐信息"的比例("娱乐信息"必须与本行业相关),可以从三个方面调整,具体内容如下。

(1)发布本行业的有趣的新闻、轶事。酒店可以通过微博客观性地叙述一些行业公开的发展报道、统计报表甚至"内幕",可以有选择性地提供一些有关公司的独家新闻——真正关注你的产品的微博用户会对这些独家新闻非常感兴趣。当然重点要突出新闻性、有趣性。

(2)创业口述史。大多数普通人对创业者总怀有一种好奇甚至尊敬的心态。企业微博可以有步骤有计划地叙述自己品牌的创业历程,公司创始人的一些公开或独家的新闻——类似一部企业口述史、电视纪录片。

(3)发布与本行业相关产品的信息。搜集一些与产品相关的有趣的创意,有幽默感的文字、视频、图片广告,这些创意和广告不一定都是自己的品牌,可以是本行业公认的著名品牌。

4. 互动营销游戏

在微博上搞活动真正符合微博拟人化互动的本质特征。只要产品有价值,就没人能拒绝真正的"免费""打折"等促销信息,也就很少有人会讨厌此类信息。常见的微博互动活动形态具体如图3-21所示。

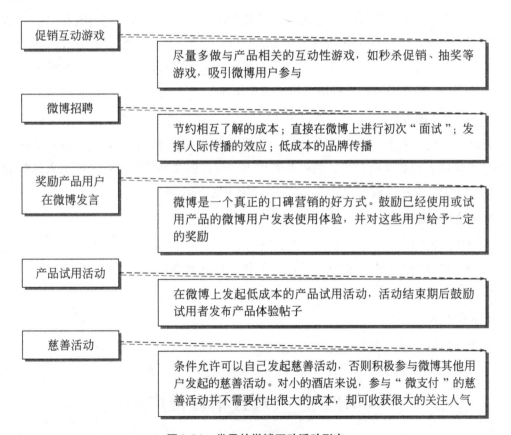

图3-21 常见的微博互动活动形态

四、植入广告式推广

在现实生活中,人们购买产品时会"严重地"受到信任的朋友评价的影响。微博是人际交流的场所,在人们交流的过程中植入广告是微博植入式广告的核心。常见微博植入广告的形式具体如图3-22所示。

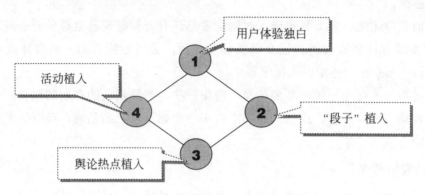

图3-22　常见微博植入广告的形式

1.用户体验独白

人们每天都在微博里记述自己的生活经验和感受,这些内容一定会有相当比例涉及自己使用的产品,这些评论就构成了真实的口碑。如果发起一个活动,让使用企业产品的用户来主动讲述自己的产品体验——无论好的体验还是坏的体验,给予体验独白用户一定的小奖励,就能激发用户向朋友传播这个品牌。

2."段子"植入

好玩、幽默、人生感悟的"段子"(有时配上图片和视频)总是能让大众喜欢——喜欢的理由如同人们喜欢听相声、脱口秀的理由一样。因此酒店微博把品牌植入这些受欢迎的段子之中,受众一般不会反感,反而会赞叹创意的精妙。

3.舆论热点植入

针对热点人物、热点事件植入广告。舆论热点有发生、成长、高潮、退潮四个阶段,酒店要敏锐地觉察舆论热点的发展过程,不要等热点退潮后再做文章,那时已经了无新意,引不起观众的兴趣了。

4.活动植入

微博互动适合做一些秒杀、抽奖、竞猜、促销等活动。

第四节　OTA平台推广

OTA本身是一个连接客人与酒店的桥梁,凭借着强大的营销能力、丰富的产品信息、便捷的预订方式、快捷的支付手段以及有保证的赔付政策聚集了众多的会员,给酒店带来众多客源,也成为酒店的品牌营销、展示推广渠道。

一、OTA的概念

OTA全称为Online Travel Agency,中文译为"在线旅行社",是旅游电子商务行业的专业词语,指旅游消费者通过网络向旅游服务提供商预定旅游产品或服务,并通过网上支付或者线下付费,即各旅游主体可以通过网络进行产品营销或产品销售。

1. OTA的意义

OTA的出现将原来传统的旅行社销售模式放到网络平台上,更广泛地传递了线路信息,互动式的交流更方便了客人的咨询和订购。

2. 国内OTA的代表

目前国内的OTA主要有携程系(携程、去哪儿、同程艺龙等)、美团点评系(美团、大众点评)以及阿里系(飞猪),还有一些其他的平台,比如途牛、驴妈妈、马蜂窝等。国外的OTA主要有Booking.com(缤客)、Agoda(安可达)、Expedia、Airbnb、Priceline等。

二、OTA模式下酒店的推广策略

在OTA占据巨大流量资源的市场环境下,酒店业应该以积极理性的眼光看待OTA,采取一定的策略,充分合理利用OTA分销渠道来正面提升酒店曝光度和美誉度,最大限度避免利益被侵蚀,同时通过引流开辟自有渠道来提高客房收益。具体如图3-23所示。

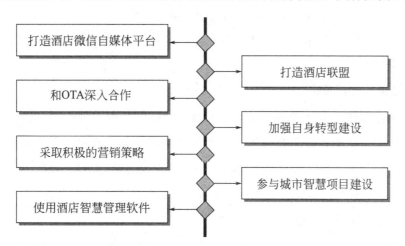

图3-23　OTA模式下酒店的推广策略

1. 打造酒店微信自媒体平台

酒店急需能够和顾客沟通的直接途径,而微信平台可以以资讯推送的形式将酒店服务信息直接送达顾客,引导顾客二次消费并且形成酒店忠诚会员。

2. 打造酒店联盟

为了应对OTA对流量的把控，有实力的连锁酒店也在进行一系列的并购，打造酒店联盟。

比如，锦江酒店与锦江股份、锦江资本、联银创投、西藏弘毅、国盛投资及符合约定条件的投资人订立股东协议，共同斥资10亿元打造Wehotel，建立酒店联盟。

这样做有利于资源整合，有效提高运营效率和降低服务成本。最重要的是能够将所有酒店的会员信息整合，逐渐构建起一个共享上亿会员的庞大网络，最终打造一个基于移动互联的共享经济平台。

3. 和OTA深入合作

OTA为了加强线下酒店体验化，挑选部分实力高星酒店，与之深入合作。

比如，御庭酒店集团、美豪酒店集团、恒大酒店集团、粤海（国际）酒店集团选择和携程战略合作升级，完善酒店新型生态圈。

随着市场和消费者习惯的变化，酒店应与时俱进，保持预订渠道最优化、酒店收益最大化。在加强自身手机端网络预订、会员体系的同时，因地制宜策略性地与OTA合作，是符合酒店利益的。发挥携程作为国内OTA龙头的会员优势、聚集效应，作为酒店多元化预订渠道的有效补充，可以实现消费者、酒店与OTA的多方共赢。

4. 加强自身转型建设

传统酒店经营模式已不能满足顾客住宿需求，酒店需要积极全面了解顾客偏好，加快转型速度，跟上酒店发展潮流，迎合顾客消费口味。

比如，为了增强个性化和体验化，日本开创书店式主题酒店，客人看书看累了，就可以在书海里睡觉了。

5. 采取积极的营销策略

在线营销在不断地进化演变，这意味着酒店的营销策略亦须跟随最新的数字潮流和算法改进。营销团队应始终聚焦在积极管理整体在线营销战略及最优化营销优势上，只是维护网站和优化关键字，就期待网站流量突然大涨是不现实的。成功与否的衡量，在于营销战略是否多积极、品牌在各类渠道上是否有持续的存在感。

6. 参与城市智慧项目建设

为了旅游业的发展，某些旅游业先进地区的政府已主导智慧城市的建设，这对酒店、餐饮等商户来说是不可多得的机会，智慧化是酒店行业未来发展的必然趋势，而作为智慧城市的一分子，酒店背靠智慧旅游城市这颗品牌大树，自然会招徕更多的顾客。

同时酒店可以调动自有资源、整合差异化资源为周围社区、机构、团体服务，除了住宿外，社区可以共享酒店及周边的餐饮、娱乐、健身等服务，智慧社区跃然眼前。

7.使用酒店智慧管理软件

如今随便走进一家餐饮、酒店商户，都能体验到管理系统给酒店带来的便利之处。管理系统功能强大，具备客户管理、评价查询、服务展示、一键支付、微信托管、数据统计、消费支付、周边资讯推荐等基本功能，帮助酒店降低管理成本，提高运营收益。

三、OTA模式下酒店的推广方式

随着互联网的迅速发展，人们的出行方式与习惯不断发生变化，特别是在酒店预订这方面。现在旅行订酒店，绝大多数消费者都会先在网上查一下当地的酒店，价比三家，然后选择价格合适的一家酒店预订下单。针对此种情况，酒店应采取不同的推广方式来提升入住率。

1.内容推广

大家都知道，OTA平台上不只有酒店频道，一般都是综合性的平台。酒店可以通过在平台上生产内容，以内容吸引客流到预定详情页，从而完成流量导入。目前以携程为代表的OTA平台可以做的内容推广有图3-24所示的几种。

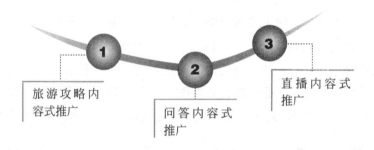

图3-24 内容推广的方式

（1）旅游攻略内容式推广。除去以马蜂窝为代表的旅游攻略UGC平台外，大多数的OTA平台也能够让用户生产内容。在旅游频道，用户可以去生产和旅游目的地相关的内容，如我们最常见的旅游攻略，通过撰写目的地行程攻略，把酒店信息包含进去，从而进行传播，吸引游客。

想要写一篇优质的攻略内容，首先要了解平台规则及读者阅读体验，什么样的内容有可能成为一篇优质的内容？旅游攻略内容的阅读者一般是即将出行或者有出行计划的游客，内容直接面对的就是精准潜在客户，是商家引流的一个重要渠道。

一篇优质的游记内容能够获取很大的曝光量，尤其是一些被平台推荐至首页的游记。如果酒店想要获取额外的流量，可以在OTA平台上做游记攻略。游记可以由酒店自己去写，也可以鼓励客人去写或者请别人代写。游记可以一篇多发，写好后可以在其他平台同时发布，以此提高阅读量。

 相关链接

怎样写一篇优质的游记

（1）游记内容要详细。游记内容包括旅游目的地的景点、美食、行程、住宿指南、交通、旅行费用、购物、当地风俗文化、纪念品以及旅途中遇到的美好事情。

（2）上传大量精美图片。图片比文字更具有表达力和吸引力，图片最好是高清照片。可以上传风景、美食、人物等图片内容。

（3）内容结构要流程化。以吃、喝、玩、乐、住、费用等，或者以第一天、第二天时间形式来记录，让浏览者很容易看清文章内容结构，同时能够重点关注自己感兴趣的地方。

（4）游记里可以添加一小段在住宿地拍摄的活动视频。

（5）选一张精美的图片作为首图，风景或者人物图皆可。

（2）问答内容式推广。除了旅游攻略内容以外，问答内容推广也是酒店的一种引流方式。在OTA平台的目的地攻略中，可以点击进入"问答"版块，寻找有关住宿行程安排话题，对该话题进行回答。在回答的内容中把酒店信息推荐进去。一定要有说服力地推荐，不能泛泛而答。要突出酒店的特色及卖点，相比较其他家有哪些优势，位置优势还是价格优势等。除此之外，还可以创建账号，通过自问自答的形式来做营销。

小提示：

内容回答一定要有干货，能够切切实实地帮助提问者，赤裸裸的广告可能会起到相反作用。

（3）直播内容式推广。视频直播是内容的一种呈现形式，它比文字图片呈现的内容更真实、更丰富，粉丝体验效果更佳。

比如，2017年3月底，携程与斗鱼直播达成战略合作，在整合双方优势资源的基础上，推出首档全新酒店体验直播栏目《睡遍全世界》。

《睡遍全世界》每期节目均邀请斗鱼直播的人气主播以及来自各地的旅游达人，通过解密酒店、酒店游戏互动等方式，全方位体验国内外各大热门目的地的特色酒店，为用户呈现酒店最真实、最具吸引力的一面。

 相关链接

酒店如何做直播

　　酒店在直播时,可以直播人、直播物、直播一种生活方式、直播一种理念、直播一个真空管。在具体直播中,可以直播酒店的整体建筑、客房;可以直播酒店举办的一场活动;可以直播一道菜的制作方式;可以直播一间客房的卫生打扫过程;可以直播采访入住客人。直播就是告诉别人此时此刻在做什么。通过直播传递出一种美好、一种他乡的生活方式、一种该有的状态。

　　(1)在直播过程中要注意脚本,即解说的话语。因为是直播,如果没有提前准备好,就可能会在直播的过程中出现说话停顿、语无伦次情况,给用户造成不好的印象。在直播的时候,一定要提前做好准备,包括解说话语、直播内容的呈现。

　　(2)直播时候要准备比较专业的工具,其中三脚架是必备工具。如果用手拿着手机,在行走的过程中难免会造成直播画面的晃动,从而影响直播效果。另外在转动角度的时候,用三脚架可以防止出现镜头对不了焦而出现画面模糊问题。必要时候可以用滑轨对镜头进行移动。

　　(3)要多呈现房间的细节及微物,如一个花瓶、一幅壁画、一盏台灯等。

　　(4)利用五觉场景描述法来进行直播。比如在解说房间的床垫是什么样的时,如果只是说出名字,给客人的印象不会太深刻,要通过行为来表达,通过触觉来传达,可以坐在床垫上,感受其柔软品质,再通过话语描述传递给用户。

　　(5)视频直播要在多平台分享,如微博、朋友圈、微信群、QQ群等。

2.活动推广

除了内容推广外,酒店还可以在平台上参加各种活动来做营销推广。

(1)参与平台活动。每一个活动平台都有自己的逻辑,活动主题是什么?针对什么类型客户?展示在什么位置?活动时间多长?活动位置越好,曝光优势越明显。客人不用刻意找就能够出现的位置就是好位置。通过活动,可以获取额外曝光,提升转化,获取一个可观销量。那么酒店要如何来参与平台活动呢?

首先,要分析活动主题是什么、针对哪种客源、展示渠道有哪些、推广资源有哪些、跟自己的酒店是否匹配。只有适合自己的活动才能有一个好效果。推广资源一般有四种渠道,具体如图3-25所示。

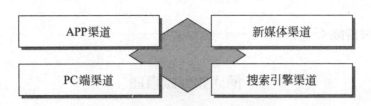

图 3-25 推广资源的渠道

其次,要看区域内已经参与活动商家的数量有多少,如果参与商家太多,就失去稀缺性优势,参与意义就不大。

最后,要分析参与活动的竞争商家,其中最主要的是价格方面的分析。当客人点击进入活动专题页面后,商家怎样才能在一众竞争者中吸引到客户呢?除去部分专题活动外,大部分的活动都是利用优惠价格吸引用户,所以价格是活动吸引用户的重点。

(2)自建活动。除去参加的活动外,一些平台也给予了店家自建活动的权限。

比如在携程上,商家可以通过组织创建各种活动来吸引潜在客人。操作方法如下:

在后台点击"信息维护"版块,进入后点击左侧的"酒店活动管理",就可以添加相应活动。

3.促销推广

促销推广分为以下两种方式。

(1)自主促销。目前各OTA平台一般提供图3-26所示的四种促销类型。

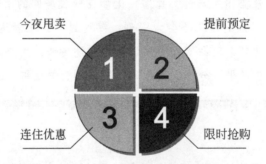

图 3-26 OTA平台提供的促销类型

每种促销的场景都不一样,酒店要视具体情况具体使用。如图3-27所示为艺龙网站今夜甩卖的活动截图。

(2)利用优惠券、红包工具促销。酒店也可以设置优惠券或红包促销,吸引顾客下单消费,提升间夜量(指酒店在某个时间段内房间出租率的计算单位)。

顾客可以通过条件搜索,搜索"促销优惠",参与促销优惠的商家会出现在搜索结果页。在淡季流量较少的时候,酒店可以多参与一些促销,通过在价格上让利客人,提升销量。如图3-28携程网站截图所示。

图3-27 艺龙网站截图

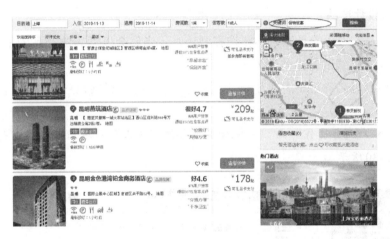

图3-28 携程网站截图

4. 付费推广

平台通过各种形式对酒店进行包装,以此获取更多曝光量。付费推广目前最常见的有三种类型,具体如图3-29所示。

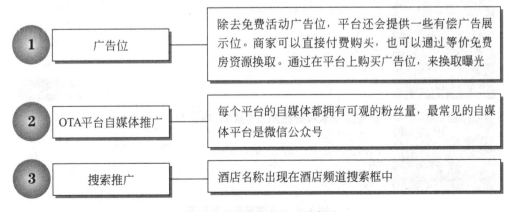

1	广告位	除去免费活动广告位,平台还会提供一些有偿广告展示位。商家可以直接付费购买,也可以通过等价免费房资源换取。通过在平台上购买广告位,来换取曝光
2	OTA平台自媒体推广	每个平台的自媒体都拥有可观的粉丝量,最常见的自媒体平台是微信公众号
3	搜索推广	酒店名称出现在酒店频道搜索框中

图3-29 付费推广的三种类型

> **小提示：**
> 做广告首先要看广告展位的位置及推广渠道，不同的位置带来的流量不同。展示位置越好，时间越长，价格也相应越高。

四、提高OTA排名的技巧

近几年我国酒店数量增长迅猛，住宿业的竞争相当激烈，入住率低、订单少也成了不少酒店最头疼的问题。那么如何解决酒店在OTA排名不好、预订率低、点击率低、订单少等问题呢？通过下面介绍的几个技巧，可提高酒店在OTA的排名。

1. 为客人设计产品

要知道，客人入住的是酒店，在选择酒店时，当然会以酒店的产品为主要选择依据，因此酒店在OTA上线的产品就要为客人而设计。

（1）添加酒店名称后缀。关于酒店的名字，无论酒店是否有分店，店名的后缀是非常重要的。

比如，"××商务宾馆"与"××优品商务酒店（人民广场店）"，当然是后者更能吸引人。如图3-30所示。

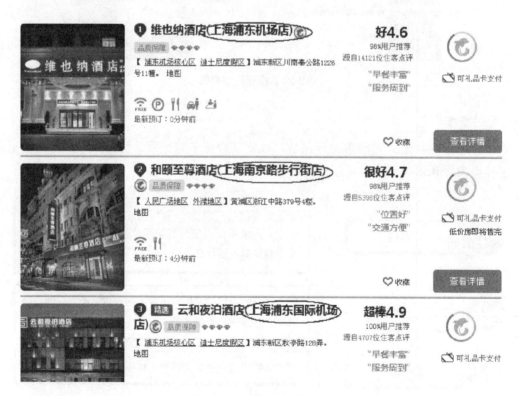

图3-30　酒店展示界面截图

（2）酒店房型基础信息要完善。酒店房型基础信息包括床、卫生间、便利设施等图片信息，这都要写清楚，方便客人根据自己的需求及时选到心仪的房间。如图3-31所示。

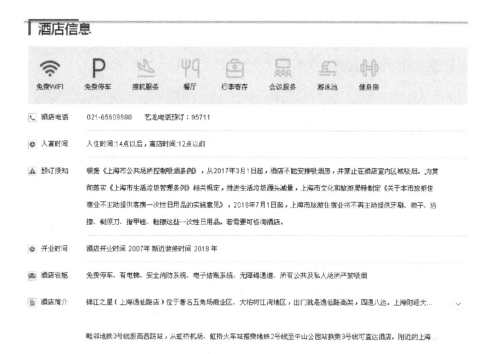

图3-31　酒店设施介绍截图

（3）增值服务要展示到位。客人除了对展示的照片和酒店房型基础信息有要求之外，还会关注酒店是否有加床、早餐、升级等增值服务。所以酒店如果有这些可提供的优惠服务，一定要在OTA上写清楚。如图3-32所示。

名称	床型	宽带	早餐	取消规则	日均价
暖冬折上折 同程艺龙	大床	免费无线	无早	不可取消	￥284
标准价 同程艺龙	大床	免费无线	无早	不可取消	￥294
含单份早餐价 同程艺龙	大床	免费无线	单早	不可取消	￥306
含双份早餐价 同程艺龙	大床	免费无线	双早	不可取消	￥318

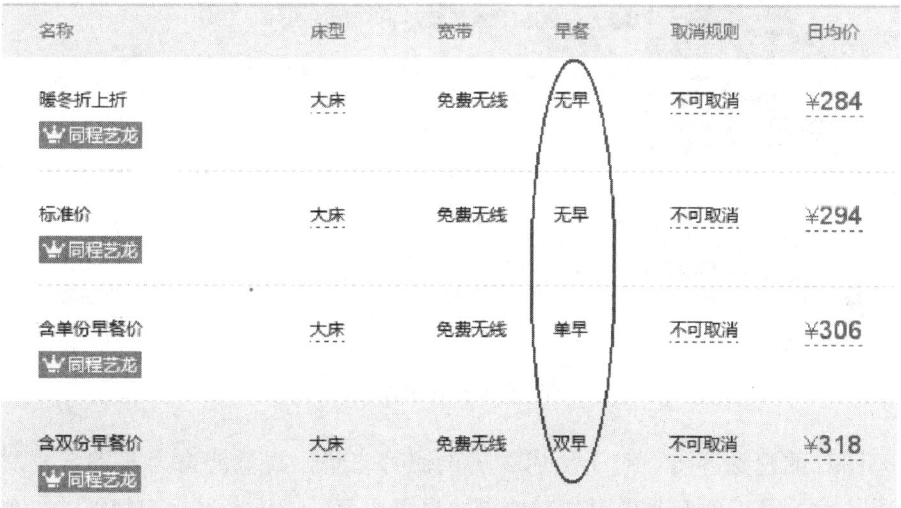

图3-32　酒店服务介绍截图

2.包装美化产品

对于在OTA上线的产品,酒店要做好包装,美化产品,以便吸引客人的眼球,增加点击率。

(1)房型名称的美化。比如,雅致大床房、精致大床房、精致双床房、雅致休闲房……这样类型的房型名称要比呆板的"大床房""双床房"这样的名称更好。如图3-33所示。

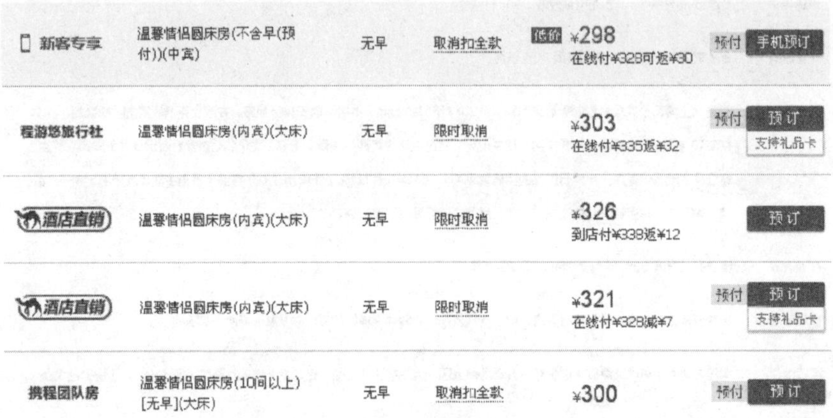

图3-33 房型介绍截图

(2)首图的选择。酒店首图的选择非常重要,首图的展示效果直接到客人第一感受。对于酒店来说,首图无非是门头照片和客房照片两种选择。

原则上来说,客房在80间以上,门头的照片会比较大气,适合做首图;而房量较小的酒店,用房间的照片更为直观合适。如图3-34所示。

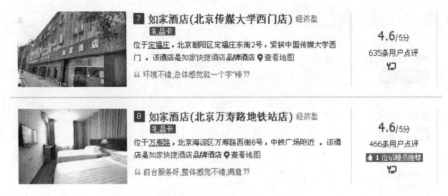

图3-34 产品展示截图

(3)图片的视觉冲击。对于酒店客房的照片来说,视觉冲击力非常重要,需要将房间尽量拍大。可以请专业摄影师来拍摄,也可用鱼眼镜头来展示房间图片。如图3-35所示。

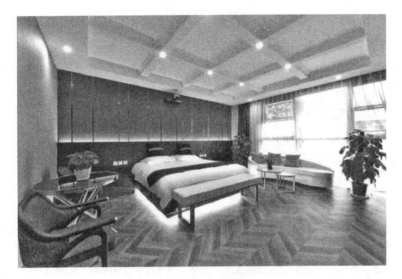

图3-35 房间展示截图

3. 引流客人

（1）活动引流。

某家酒店一天的流量只有40，那么说明，每天只有点击页面的40人看到了酒店信息，该酒店通过做了个小活动，最终每天的流量做到300。

他们的做法是，推出9元的生日房间，客人生日当天持身份证到店，可以以9元的优惠价格入住酒店。这个活动以9元的特价来吸引眼球，帮助酒店提升流量，而对于酒店来说，这个活动的成本也非常低。

（2）最大化优势吸客。一般举行会展时，会展附近的酒店房间会爆满，但是距离会展有一定距离的酒店如何抢生意呢？具体方法如下。

① 可在OTA后台名称后面增加后缀（××会展中心店），直截了当地告诉客户这是展会附近的酒店。如图3-26所示。

图3-36 酒店名称后面增加后缀

② 房型后缀添加：评价即可专车接送，通过专车接送的方式解决酒店与展会之间的路程问题，打消客人的顾虑。

（3）点评回复要有技巧。客户在OTA选择酒店的时候，一定会看热门评价和近期评论，如果点评不好，评分较低是会影响酒店在OTA排名的，客户很有可能就会选择其他家，从而导致酒店预订率低、订单少的情况出现。

虽然酒店努力去让每一位住户都满意，但是还是避免不了出现一些细节做得不到位的情况。如果住户给的评分低了，或者评价不好，你也要及时去解决这一类问题。比如，回复要有技巧，字数尽量多一些。如图3-37所示。

★★★★★ 4.3 标准大床间   来自手机APP 2019-09-17

服务挺好，出行方便，就是不能住一楼特价房，下水道有臭气，隔音不好

酒店回复：尊敬的宾客，您好！感谢您选择速8精选酒店前门天坛公园店。很遗憾未能给您带来一次满意的入住体验。关于您提出的房间反味问题小8表示很重视，我们已及时上报领导并协调工程对房间进行异味处理，也在及时整改这个问题。如您在入住期间有遇到任何问题可用房间座机拨打88到前台，我们24小时有工作人员为您服务哦~小8在成长的路上还有很多的不足之处，我们会加以改正，并真诚的邀请您下次入住给予检阅，小8期待您的下次光临。祝您生活愉快！收起

图3-37 评论回复截图

小提示：

酒店除了应利用以上所述的办法提高在OTA平台上曝光率之外，还要做好内部的管理，通过超预期服务和附加值服务，把招待客人变成款待客人，从而帮助酒店获得更多的流量和订单。

相关链接

提高OTA平台评分的技巧

对酒店而言，OTA上的排名、评分、点评等因素对酒店起着重大的影响。住客也会因为一条好评入住一家酒店，也会因为一条差评放弃这家酒店。携程数据显示，携程点评分与转化率相关系数高达95%，也就意味着点评越高，进入酒店页面的下单率越高。

要想点评分做得好，酒店可以从以下几个方面入手。

1.详细记录客人信息

这是至关重要的一步，也是提升好评极其重要的一步。详细记录客人手机号码、

入住房间、有无特殊喜好等,拿到这些,酒店就可以掌握与客人要好评的主动权。

比如:"黄先生/女士,您好,欢迎入住×××酒店,为了更好地方便给您服务,我们需要预留一下您的手机号码。"

"朱先生/女士,您好,欢迎入住×××酒店,我们酒店正在进行有奖免住活动,需要预留一下您的手机号码,您被抽中的话,今晚可免费入住(注:活动必须真实)。"

通过诸如此类的话术,然后拿出纸笔记录下客人的姓名、手机号码、入住房间等。

2. 完善到店情景

(1)办理入住。对于客人来说时间就是休息,前台需要快速办理客人入住,最好提供免押金,以免客人办理入住、退房时间过长,引起情绪不适,导致酒店差评。酒店可提前准备好水果、小食品等,最好能有手写的欢迎卡片,手写字体可增加客人的好感。

比如:"王先生(必须带姓)您好!欢迎下榻本酒店,我是您今晚的私人管家,您有什么需求可直接拨打酒店前台服务电话,我们24小时为您服务。祝您晚安,做个好梦!"

同时在此送上一份酒店周围的详细景点路线图或商场购物地图等来提升酒店的好感度。

(2)行李搬运。一般来住宿客人都会带有行李等,行李生(或保安,小体量酒店不配备行李生就保安代理)主动接过客人行李送至房间,在此期间必须礼貌、恭敬,凡是客人提出的问题能够主动回答。

(3)房间安排。对于OTA平台上引流来的客人,在入住的时候不安排有缺陷的房间。一般给客人排房时,以OTA会员客人＞OTA客人＞酒店会员＞散客;对于客人反馈的问题,一定要第一时间妥善处理,同时对提出问题的客人进行标注、跟进,事后需要通过电话、微信等方式表达关怀等。

(4)客人离店。客人离店时需要主动询问客人的入住体验,如客人反馈酒店体验不好,可通过询问帮客人解决困惑,需要给出合理解释方案,主动道歉等;客人情绪过低时,需要安抚,客人气消了,给予差评的记录也就少了;如客人的入住体验不错,届时可以提出让客人给予好评。

比如:"王先生您好!既然您的入住体验非常不错,能否把您的入住体验分享给更多的客户,帮我们在网上做一个五星好评,同时也是对我们辛勤服务的一个奖励。非常感谢!"

另外，酒店可提前为客人准备当地特产、纪念品等，可在这些小物件上印上酒店的二维码等（小礼物可提醒客人给予酒店好评，也可以增加二次营销）。

3. 离店后的回访

客人离店后，酒店可以根据预留的电话号码主动询问客人的入住体验，当客人感受良好，对酒店产品、服务都十分满意时，酒店可以向客人征求好评。对于客人体验感不强，则可以向客人表达歉意。

4. 特殊事件处理

客人入住酒店时偶尔会有不舒服、物品损坏等偶然事件，这就需要酒店提前做好特殊事件的备案。

比如，酒店需要备一些感冒药，当客人偶有感冒时可用，客人病情比较严重时，需要陪同客人去附近医院救治，同时打电话给客人的家属，以防突发事件发生；对于酒店物品损坏之类的，可免去客人赔偿，要知道，一个差评的价值远远大于客人赔付的钱。

总之，预案准备越详细越好，对客人的入住体验更加有利。

5. 点评回复管理

对于好评，进行评价引导，对于差评给予恰当回复或进行个性化回复。点评回复也是酒店的二次营销，可推荐给客人其他房型、酒店的特色等。

点评回复不是单单出于礼貌，更是酒店对于差评的解释、好评的推销，是给没有入住本酒店的客人一个介绍。

第五节　抖音推广

作为视觉营销的一种形式，短视频推广更契合人类作为视觉动物的信息接受习惯。除此之外，短视频更有适用于移动端、有利于搜索引擎优化、分享便捷反馈即时等优势。借助短视频的火爆，酒店在短视频的平台红利期进行推广，绝对可以获得非常高效的品牌影响力。

一、短视频推广的优势

短视频是指一种视频长度以秒计数，并且主要依托于移动智能终端实现快速拍摄和美化编辑，可在社交媒体平台上实时分享和无缝对接的一种新型视频形式。短视频不同于文章、音频那种单一的内容模式，它融合了文字、语音和视频，使得用户在接收内容时显得更加的立体化。具体来说，企业利用短视频推广具有图3-38所示的四大优势。

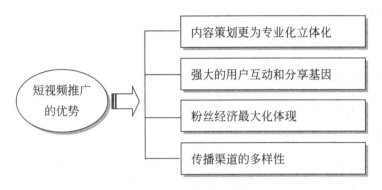

图3-38　短视频推广的优势

1. 内容策划更为专业化立体化

短视频的内容制作不同于传统的广告片制作。传统广告片属于单向传播，重点在于传达，传达品牌信息、产品信息、服务信息以及广告诉求。而短视频的内容通常作为原生广告在全网分发，包括短视频平台、社交媒体等，属于互动传播，重点在于视频内容的完整性和品牌信息的原生性。

因此在制作短视频时是需要很高的专业性的，就如同做电影一样，需要好的编导、策划、脚本等，同时还需要摄像师、音响师、灯光师等，创作出的视频只有满足内容情节的故事性完整、话题热度高、渠道兼容性强才能保证营销效果。

2. 强大的用户互动和分享基因

根于移动端的内容带有天然的社交属性，人们看到一个有趣的短视频大多会有评论、分享的欲望，甚至根据视频广告去模仿。不同于传统广告的单向输出，短视频营销不仅能让企业主表达自己想表达的内容，同时也能收集用户想表达的信息。

同时良性的互动与分享吸引更多的精准用户聚集到一起，形成肥尾效应，带来更广泛的扩散。而企业根据评论数据与分享数据的分析，既能直观地知道营销效果，又能根据分析结果调整策略。

3. 粉丝经济最大化体现

这是个个性化时代，随着自我展示平台越来越丰富，每个人都有可能找到自己的受众从而形成KOL。这些KOL背后聚合着高消费力和高忠诚度的粉丝，拥有着不可低估的营销转化力。他们拥有着不亚于明星的影响力，但却比明星更接地气，于粉丝而言，是一种陪伴型的存在，因此他们能创造出更懂粉丝的内容，创造出更为成熟体系化的粉丝营销方法论，能让粉丝经济得到最大化体现。

4.传播渠道的多样性

传统广告通常作为硬广投放于各类视频媒体，包括电视、电影贴片、视频网站贴片等，而短视频则不同，短视频面对的是每个个体，兼容性极强，通常在全网分发后用户会自行扩散到自己的社交媒体中，比如朋友圈、社交软件等。无论借助哪个平台通过什么渠道都能提高视频的播放量和浏览量，从而达到更好的宣传效果。

二、适合做抖音推广的酒店

下面几种类型的酒店比较适合做抖音推广。

1.空间场景多，装修风格独特

这类酒店风格突出，根据年轻人的爱好打造多种类型，如：王者荣耀电竞屋、动漫主题房、鬼屋、特色泳池等。

为了适合拍照或拍视频，这些房间或场所都具备足够的亮点和热度，遇到新奇的事物，年轻人才会发圈、发微博、发抖音，触发了体验传播效应的临界点，往往能为酒店带来不经意的大量曝光。

2.成熟的业务系统和口碑的连锁酒店

连锁品牌的酒店财大气粗，做起推广来丝毫不含糊。特色不够，故事来凑，情怀、情感、情趣，各种有趣的故事引导大众前来打卡跟拍，来的人多了，传播效果也就好了。

比如：七天、如家、格林豪泰这种类型的连锁酒店，就有通过抖音定位打卡进行短视频的传播，但这一切的前提，还是离不开优质好故事（内容）。

3.体验式消费服务的酒店

对于很多单体酒店来说，装修风格已经确定，"推倒重来"可能性不大，也没连锁酒店的会员群体，想拍抖音，切入点在哪里？即体验式消费服务。

比如酒店自带一些有趣好玩的智能设备，或者主动提供差异化服务，服务越是有创意，客人惊喜越大，情感上的共鸣自然会换来朋友圈和抖音的点赞，口碑传播渠道无形中已经建成。

三、短视频推广的策略

从门户时代、电商时代、移动时代到内容消费为主的内容时代，短视频的火爆是顺势而为。酒店可参考图3-39所示的策略来抓住这一机遇，做好短视频推广。

1.讲述酒店相关的故事，传达酒店的品牌价值

现在发布广告几乎很少有人看了，但如果采取故事讲述的方式，一定会轻松捕获客人的芳心。酒店短视频故事的类型大概有以下几种：创始人的故事、主题文化的故事、团队的故事、与产品相关的用户的故事等，最好是富有感染力。这样用心拍出来的短视

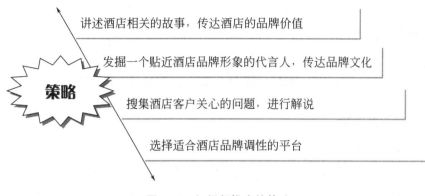

图3-39 短视频推广的策略

频,一定能击中追求时尚浪漫的年轻人的心。只要酒店能选好一个角度,用心去打磨一个故事,表现一种生活理念,就一定会感动一些人。

2. 发掘一个贴近酒店品牌形象的代言人,传达品牌文化

一说到品牌代言人,很多想到的是请明星代言,开支成本一定不会少。其实品牌代言人并不一定是明星,也可以是酒店里的一个普通职工,甚至也可是一个动画人物,或者一个物品的拟人化。

比如,宣传酒店的卫生,可以是一块抹布,也可以是酒店的蜡烛,或者是酒店前台员工,或者是酒店的浪漫策划师等。

最关键的是要用心去给这个人物去包装,赋予人设、品牌内涵。只要酒店能做出有创意、有情感、符合消费者期待、有趣有灵魂的短视频,一定会获得网友的喜欢和转发。

3. 搜集酒店客户关心的问题,进行解说

对酒店来说,每天都会遇到各种各样的顾客咨询,如果酒店能够通过短视频将这些问题的答案有趣表达出来,一定会给客人带来非常真实的认知。酒店也会因此获得准客户的大量好感。解答的范围不仅仅局限于酒店范围,旅游酒店不分家,如果是景区型酒店,可以聊聊景区的故事、旅游攻略、当地的文化历史。总之若内容实用、表达有趣,切合酒店品牌精准定位,一定会给品牌带来大量的忠实粉丝。

4. 选择适合酒店品牌调性的平台

不同的短视频平台定位不一样,人群也不一样。只有当酒店品牌和平台粉丝属性一致时,才能获得更多的认同。

比如,快手粉丝相对偏年轻,多为三线城市或者乡下,而抖音多为城市白领。

尽管一个视频可以在多个平台发布,但如果你能选择其中一个平台作为首发,就能获得更多的平台扶持,流量也比较高。因此建议酒店在做短视频时,要注意精选发布平台,可以各个平台都发,但注意分主次去对待,如果精力有限,建议先用心做好其中的一到两个平台。

相关链接

酒店如何在抖音上推广

1. 让用户愿意看完

一个可以黏住用户的抖音号至少需要具备以下元素的至少一种：即美女帅哥；萌宠成精；搞笑；反常识；新奇特；潜在的当下任务；快节奏。

15秒的时间虽然不长，但如果你不能在第1秒就吸引到用户，你的小视频可能就会从他的指尖划过。所以融合酒店&景区的特色，配合抖音中常用的元素，形成一套自己的风格，才能获得更多人的关注。

2. 做出特色视频，增加用户黏性

酒店和景区在策划相关视频的时候，需要结合自身所具备的资源。例如：许多民宿走情怀路线，格调清新，有一套酒店自己的玩法，可以尝试拍一条萌宠+野外美景+制作美食+小哥哥小姐姐等用户参与的短视频。

酒店的特色会议、婚礼、酒店客服或酒店的特色景观；景区的特色美景、有趣的活动项目等都可以成为酒店和景区拍摄抖音的素材。

3. 植入要巧妙

抖音做推广需要考虑视频的调性和产品相符。单纯的美人+快节奏视频很难植入产品。而抖音的"草根性"和"当下感"能够带给用户较为强烈的真实感和好感度，所以在视频的策划中，要合理地把用户吸引到植入产品中。

4. 线下反哺线上

对于不少产品来说，最重要的是能有UGC，用户的自发创作内容的沉淀。例如爆火的海底捞隐藏菜单、CoCo奶茶等，均是通过用户发掘出的新菜单焕发新的生机，而服务员对于这些"抖红款"的心领神会，则成为一种奇妙的默契感。

因此，酒店可以鼓励用户参与，甚至邀请相关领域的KOL去发现一些不为人知的新事物，以用户分享的形式传递新鲜事，实现线上线下传播和销售的双赢。

四、短视频推广的技巧

在视频移动化、资讯视频化和视频社交化的趋势带动下，短视频营销正在成为新的品牌营销风口。而要做好短视频推广，也需掌握一定的技巧，具体如图3-40所示。

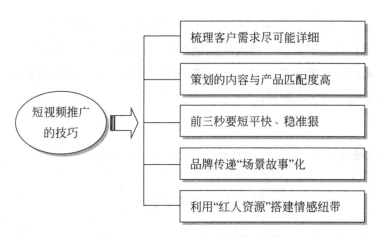

图3-40 短视频推广的技巧

1.梳理客户需求尽可能详细

客户想要做带量还是想要做品牌曝光,在初期沟通的时候一定要定好KPI,如果带量采用适合产品的红人效果极佳,但是需要在一个阶段内长期做,如果做品牌曝光则需原创团队与红人结合使用。

2.策划的内容与产品匹配度高

短视频的主题与产品的匹配度高不高直接影响后续的传播效果,策划的时候除了关注在什么平台用什么人来做这事外,还需要考虑影音设备、视频脚本、分镜台词、演员及最后的剪辑。

3.前三秒要短平快、稳准狠

一定要做到在视频的前三秒抓住观众。以前常说的"第一印象很重要"在短视频上依然奏效。短就意味着每一帧的权重都变重了,短视频里是真的做到了"一寸光阴一寸金"。千万不要在视频刚开始播放时就插入产品介绍,因为这些内容并不是用户最关心的。真正体现品牌的内容只需放在视频最后,不仅不会引起用户的不适感,还会加深用户的记忆,形成强转化。

4.品牌传递"场景故事"化

片头后3秒内将观点鲜明地砸向用户,让观众还没来得及思考对错就已经被带入到这一期的内容之中。没有人喜欢看广告,却没有人不爱听故事,内容营销时代的来临比起不接地气的高大上广告片,品牌更需要去讲一个富有感染力的故事。把品牌化为一个元素或一种价值主张,去融入一个富有感染力的故事,就可以很好地吸引用户的注意力,打动他们,并让他们分享你的视频,你的品牌也就获得持续的传播。

5.利用"红人资源"搭建情感纽带

在短视频营销的传播方式上,一是要找对沟通方式,二是要抓准渠道。"红人"就是短视频营销的渠道，他们在这个舞台的影响力甚至远超一些明星艺人，这种交互式的、自下而上的传播模式，更符合年轻人的认知模式，甚至在年轻人圈子中形成一种信任传递。借助"红人资源"的信任传递，为品牌搭建与目标受众对话的情感纽带，是引爆一次成功短视频营销的又一个关键。

相关链接

抖音打造的网红酒店

拉萨平措康桑观景酒店利用短视频平台，将自家酒店打造成抖音爆款，收获了不少流量。其秘诀如下。

1. 得用天然爆点

拉萨平措康桑观景酒店位于布达拉宫东侧，在精心设计的特色观景房里足不出户就能欣赏到布达拉宫的美，这一得天独厚的地理位置就是酒店的天然爆点。2018年的夏天，伴随着酒店自动窗帘缓缓拉开，壮观的布达拉宫随即映入眼帘，这样的场景视频立马在抖音上火了，短短一个月便让拉萨平措康桑酒店成为网红酒店，众多进藏游客慕名而来。

目前平措康桑短视频在抖音上的播放量已经过千万，2019年8月份该酒店的出租率达99.99%，Revpar领跑拉萨市场，甚至超过多家国际五星级酒店。平措康桑之所以能在抖音上拥有如此高的曝光量就是因为它的爆点不是其他酒店能简单复制的。同理，拥有绝佳的地理位置、独特的景观或其他卖点的酒店，一定要将其运营为自己的爆点，并体现在短视频创作上。而好的爆点会直接激发出消费者的拍摄和分享欲望，从而增加酒店的收益。

2. 创造拍摄场景

除了天然爆点外，酒店还要善于创造方便消费者拍摄的场景。

平措康桑最直接的设计就是将窗户当作一个画框，布达拉宫就是画面本身，随着日出阳光到夜间灯光的变换，可以产生不同风格的风景图画；另外房间配备的全部是电动窗帘，产生一种帷幕拉开好景呈现的感觉。除了窗户和电动窗帘的处理，酒店在靠窗处用较为精巧的茶桌代替传统的沙发，也是为了方便住客沏茶和拍摄。

在平措康桑可以尽情享受拉萨的美景、阳光，也可以独坐休闲吧静享美好时光。尤其是在2019年5月上旬，酒店的顶楼观景餐厅调整优化完毕后，拥有大落地窗下180度无死角的布达拉宫景观，成为遮挡最少、视野最开阔的拍照观景好去处。餐厅中庭增加了电子琴，晚上夜幕降临时，布达拉宫的灯光亮起来，多才多艺的客人就可以在餐厅即兴发挥边弹边唱，又是一道亮丽的风景线。

3.预埋拍摄脚本

为了抓住短视频营销的红利，平措康桑在产品设计的时候就考虑了消费者发抖音时的场景，预埋好拍摄脚本。

酒店在设计初期，在房间细节和酒店的功能区域布局了多项面向流量设计的产品。比如所有房间的窗户做加大处理，尽可能保留最多的完整面。酒店不仅为所有房间配置了电动窗帘，在进门处还设置了一个电动窗帘的开关，如此客人进门后，就增添一种随着走近窗帘慢慢打开的仪式感。事实证明这一创造性的改动非常有效，几乎所有的消费者都按照酒店设计的脚本进行拍摄：推门，进房间，窗帘自动打开，镜头推向窗外，布达拉宫尽在眼前。

正是观景房型独特的景观体验，使得平措康桑的客人都自觉自发地打开抖音拍摄，记录着这样震撼心灵的一幕幕场景，而这样的画面也吸引着四面八方的游人来到平措康桑。

平措康桑一直以来都明确抖音是需要发力的一个渠道，酒店自己坚持输出视频内容，客人看到后也会模仿，渐渐成为网红打卡店。

短视频的参与门槛非常低，消费者创造内容的水平也是参差不齐，为了让消费者产出的内容保持一个较高的水平，酒店应该提前找到一个完整的拍摄线路，并转化为脚本，最终体现在酒店产品设计上，让消费者不用长时间去纠结如何创造内容，而是迅捷生成优质短视频。

第四章
经济型酒店加盟

> **导言**
>
> 经济型酒店多采取连锁加盟或特许经营的方式,树立了千店一面的标签,在这个信息时代,给了消费者以保险有保障的消费认知。经济型酒店的全国性发展战略所代表的品牌化和连锁化是必然的道路,也是降低成本、稳定质量和客源的客观需求。

第一节 特许经营加盟的认知

加盟连锁品牌是许多创业者的选择,这是由于加盟某品牌,加盟商可以享用项目总部的加盟支持,可以有权享受总部的项目形象、商标权。

一、加盟的概念

加盟是指参加某一团体或组织,拓展到商业领域,指商业品牌的代理加盟。加盟就是该企业组织,或者说加盟连锁总公司与加盟店二者之间的持续契约的关系。根据契约,必须提供一项独特的商业特权,并加上人员培训、组织结构、经营管理、商品供销等方面的无条件协助。而加盟店也需付出相对的报偿。

二、加盟的形式

加盟特许经营的经营形式种类有很多,依出资比例与经营方式大概可以分为自愿加盟、委托加盟与特许加盟。

1.自愿加盟

自愿加盟是指个别单一商店自愿采用同一品牌的经营方式及负担所有经营费用,这种方式通常是个别经营者(加盟主)缴交一笔固定金额的指导费用(通称加盟费),由总部教导经营的知识再开设店铺,或者经营者原有店铺经过总部指导改成连锁总部规定的经营方式。

通常这样的方式每年还必须缴交固定的加盟费，总部也会派员指导，但也有不收此部分费用者，开设店铺所需费用全由加盟主负担；由于加盟主是自愿加入，总部只收取固定费用给予指导，因此所获盈亏与总部不相干。

此种方式的优缺点如图4-1所示。

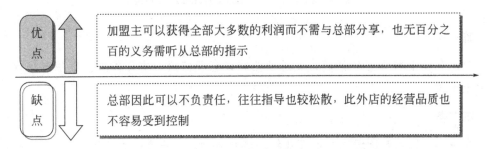

图4-1　自愿加盟的优缺点

2.委托加盟

委托加盟与自愿加盟相反，加盟主加入时只需支付一定费用，经营店面设备器材与经营技术皆由总部提供，因此店铺的所有权属于总部，加盟主只拥有经营管理的权利，利润必须与总部分享，也必须百分之百地听从总部指示。

委托加盟方式的优缺点如图4-2所示。

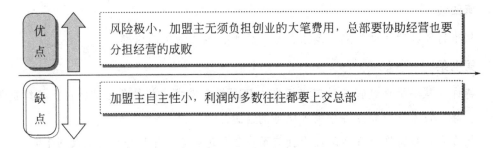

图4-2　委托加盟的优缺点

3.特许加盟

特许加盟是特许人与受许人之间的一种契约关系。根据契约，特许人向受许人提供一种独特的商业经营特许权，并给予人员训练、组织结构、经营管理、商品采购等方面的指导和帮助，受许人向特许人支付相应的费用。通俗讲特许经营是特许方拓展业务、销售商品和服务的一种营业模式。

特许加盟介于上述两方式之间，通常加盟主与总部要共同分担设立店铺的费用，其中店铺的租金装潢多由加盟主负责，生产设备由总部负责，此种方式加盟主也需与总部分享利润，总部对加盟主也拥有控制权，但因加盟主也出了相当的费用，因此利润较高，对于店铺的形式也有部分的建议与决定权力。

相关链接

《商业特许经营管理条例》节选

第一条

为规范商业特许经营活动，促进商业特许经营健康、有序发展，维护市场秩序，制定本条例。

第二条

在中华人民共和国境内从事商业特许经营活动，应当遵守本条例。

第三条

本条例所称商业特许经营（以下简称特许经营），是指拥有注册商标、企业标志、专利、专有技术等经营资源的企业（以下称特许人），以合同形式将其拥有的经营资源许可其他经营者（以下称被特许人）使用，被特许人按照合同约定在统一的经营模式下开展经营，并向特许人支付特许经营费用的经营活动。

企业以外的其他单位和个人不得作为特许人从事特许经营活动。

第四条

从事特许经营活动，应当遵循自愿、公平、诚实信用的原则。

第七条

特许人从事特许经营活动应当拥有成熟的经营模式，并具备为被特许人持续提供经营指导、技术支持和业务培训等服务的能力。

特许人从事特许经营活动应当拥有至少2个直营店，并且经营时间超过1年。

三、特许加盟提供的支持

连锁企业为了使加盟体系内的加盟店有真正的归属感，通常总部会为每一个加盟店提供诸多的项目支持，具体包括以下内容。

1. 培训支持

总部对所有加盟店进行全面系统的培训，内容包括沟通、招聘、领导风格、预估营业额、时间管理、促销活动安排、解决宾客投诉、成本控制、财务管理、工时控制、营运值班、人员管理、礼节礼仪、清洁消毒、安全保卫等。

2. 管理支持

在加盟店开业后，总部将派人对加盟店在价格、硬件设施、服务水平、卫生指标方面进一步监察与督导，并给予必要的现场支持。定期在企业总部开展有针对性的培训、研讨、借鉴、沟通活动。召开加盟者年度会议，以交流经验、策划促销活动、解读新的政策等。

3. 督查支持

连锁企业设立总部督查制度，给予加盟店所有经营成果总体评价，定期上报总部，作为总部对加盟店的评分标准。同时协助营运部门促使公司加盟体系内所有加盟店执行完全统一的品质、成本等方面的控制。

4. 促销支持

在全国性的各大电视台（中央电视台、省级电视台等）和知名的全国性报刊推出一流的广告宣传，并定期在各地区的特许加盟店举办各种促销活动和发放各种宣传品，确保特许加盟店的业绩增长。

相关链接

特许成功的要素

一个出色的特许商，它的成功通常具备以下八大要素。

1. 品牌及专有技术

特许经营作为知识产权交易的一种形式，企业商标及产品品牌是维系特许商和加盟商的纽带。作为特许方，要扩大加盟体系，需拥有较高知名度的商标是毋庸置疑的，除此之外，拥有可传授的专有技术也是特许经营的必要要素之一。

加盟店开业之前，加盟商应得以完全准确复制特许商经营模式的详尽资料，包括可使加盟商经营盈利的技术方法和流程管理。这些实践知识是特许商的经验的结晶和样板店实践的结果，称之为专有技术。

2. 样板店

谨记，只有当每个加盟商复制的经营条件与样板店试验成效的条件一样时，一项特许经营方案才能确保成功。所以样板店的一个基本作用是验证将要传授给整个特许经营体系的经营模式是否可行，对需要改进的地方加以修改。同时样板店还在不同阶段起着稳固经营的重要作用，如充当新加盟商的培训中心，作为新经营体系、新产品和新服务的试验室等。所以在不同情况下试验的样板店数量越多、时间越长,加盟商承担失败的风险就越小。

3. 必要文本

接下来要考虑的是为特许经营业务做何准备。尽管许多特许加盟体系是在总部进行了多年的正规特许经营基础上总结经验发展起来的,但特许经营毕竟有别于其他经营体系,它对组织结构、运作体系、法律规范、文件准备等方面都相应提出了调整的新要求。在组织结构设立中,特许商应考虑承担以下基本职能。

(1)加盟系统开发职能。

(2)采购供应职能。

(3)商品与服务开发职能。

(4)培训与指导职能。

(5)促销职能。

(6)信息职能。

(7)管理控制职能等。

特许商在开展特许经营业务之前应事先进行一些必要文本的准备,其中包括以下方面。

(1)特许经营合同。

(2)向潜在加盟商提供公开文件。

(3)特许经营宣传手册。

(4)专有技术传授的特许经营运作手册,包括质量管理手册、关系管理手册、产品管理手册和流程管理手册。

(5)VI/CI设计手册。

(6)加盟店营建手册等。

4. 加盟费用体系

加盟费用的设定是一个非常关键的问题,它将直接影响特许事业的顺利发展。因为投资者在费用方面通常相当敏感,费用定得过高,可能将一些潜在的高素质加盟者挡在门槛外,另一方面可能影响投资者不能获得预计利润,进而影响加盟商的招募和加盟体系的发展。若费用太低,特许商收益受损,甚至无法弥补所提供服务的费用开支,将会得不偿失。

特许商常向加盟商收取以下一项或多项费用,包括加盟费、广告宣传费(营销基金)、特许权使用费等。

5. 加盟发展战略

基础工作准备得当后,下一步考虑的便是如何对外开展特许业务及开店战略。不同的特许商在不同阶段可能采取不同的发展战略,或零散设店,或区域型地毯式轰炸的集中开店战略,以达到不同的预期目的。

6. 加盟商招募

在一个新地区开展特许经营业务时,宣传推广活动是首要环节,与其他经营类型不同的是,特许商的推广传播不仅为了吸引消费者的注意,同时也有吸引潜在加盟商的目的。

理想的加盟商应是以下两个极端的中和。

(1)是有着清晰的商业概念、极强的主动性、很少受制于规定条款的人。

(2)有着雇员的概念,抱着与己无关的态度,对于仅有的权限范围内的事情没有最基本的积极性。

这两个极端之间是:有一定的积极主动性,通过自己的经验和市场知识,担负日常经营中的责任,但以不使特许商传授的经营模式遭受损害为基础。这才是不可多得的理想加盟商。所以确定最合适的加盟商类型、设定甄选标准是所有特许商事先必须要确定的事情之一。

7. 培训、指导支持

一旦完成了加盟商的选择,便应着手开始对加盟商的支持和指导,期间可分为以下两个阶段。

(1)初期培训。包括经营理论到实践的培训和开业期间的现场指导。

(2)继续培训。对加盟商的培训不应只是开业前和开业期间的初期培训,还要有为适应日常经营中千变万化的市场需要而进行的经营方式修改和更新的培训。

加盟商应定期接受循环式的课程培训或指导,这样可以增强日常经营活动的能力。这些培训涵盖如何销售;如何对待宾客;如何经营;如何以团队方式开展工作等许多方面。

当然还应包括为了能更好地适应经营体系或者研究引入新产品或服务的效果而设置的后续培训。

尽管特许商积极推行培训以避免日常经营活动中的问题发生,但还是会有这样或那样的问题,或者是意想不到的情况发生,使经营活动受阻。所以除培训之外,特许商在加盟商遇到问题时应提供知识和经验的支持以解决问题,更应帮助他们避免问题的发生。这类的支持所涉及的内容非常广泛,从支持的内容上可以看出特许商应侧重改进的地方，如：市场营销；广告通信；如何拥有一个良好的经营运作和特许经营网络内部互通的体系。

8.加盟店监控制度

在将自己的商标、经营方法、专有技术等组合成一套验证有效的经营模式并将之许可给加盟商后，还需注意的一个关键要素就是对加盟店实施严格的监督和管理。对经营网络的控制，如加盟店检查、安排神秘宾客等，与其说是特许商的义务还不如说是他的权利，这将对保证整个特许经营系统的必要水平及改进有着不一般的意义。

这一权利的重要性在于特许商可以验证加盟商是否已真正掌握企业的经营方针，按照自己传授的基本经营条款在经营，以避免出现影响品牌声誉的情况。当然也不能忘记特许商有义务去监控，这样有利于加盟商认真按照体系的要求经营，而且也可以由此发现不按照规定经营的行为，及时解决问题。

四、加盟商承担的责任

加盟是一种双赢的经营模式，同时也需要双方的责任承担。加盟商需要承担的责任主要表现在以下两个方面。

1.加盟商应具备的基本条件

（1）具有较强的进取精神，有一定的经营管理经验。

（2）对酒店业有一定了解，对特许连锁有一定认识。

（3）对本酒店有所了解，对本酒店的经营理念有所认同。

（4）对店铺的经营管理能保持全身心地投入，能接受持续的提升训练。

（5）有良好的信誉和资金实力。

（6）任何投资都存在风险，对酒店业的投资要有风险意识。

（7）具备良好的沟通能力，能受合同的约束。

2.加盟商应承担的责任

（1）加盟商必须向盟主交纳特许加盟费和保证金，以换取品牌被使用的权利，并显示对加盟的诚心。

（2）加盟商在连锁经营过程中需向盟主交纳"定期权利金"，也就是按销售额或毛利额的一定比例向总公司上缴的费用。

（3）加盟商还需要承担其他各种初期投入，如场地租赁费、规划设计费及装潢工程费等。

（4）加盟商还肩负着扩展盟主品牌影响力的责任，因此必须在盟主的统一管理与连锁方式下运作，绝不能单独做出对整个特许经营或其他被特许人形象有影响的决定。

第二节　做好加盟准备

虽然加盟不是一件很难的事，但也不是所有投资者都适合成为加盟商，首先要调整好自己的心态，其次要具备相应的条件，最重要的是要做好对加盟总部的前期考察，选择一个值得信赖的加盟品牌。

一、调整加盟心态

俗话说心态决定一切。一个优秀的加盟商应具有图4-3所示的八种心态。

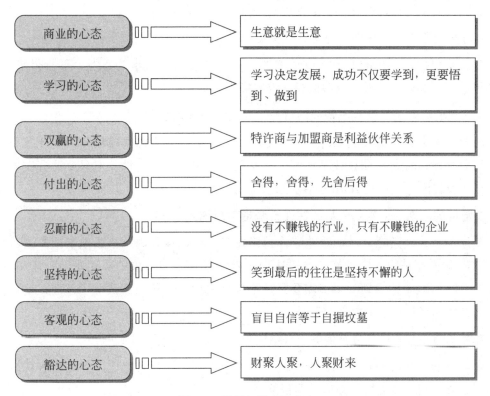

图4-3　优秀加盟商的心态

1.商业的心态——生意就是生意

商业的根本目的是盈利，所谓的行业选择、产品服务、市场营销、运营管理等都只是过程或工具而已，一切都应该以实现盈利为最终目的来操作，而不是仅仅依据投资人自己对某项产品或服务的喜好，或是单方面对某个市场的看好，或是坚持认定自己的某些市场操作思路非常好而作为加盟店经营的指导思想。许多加盟商就失败在这方面，用太过于个人化的感性心态而非理性化的商业心态来规划和经营加盟店。

2. 学习的心态——学习决定发展，成功不仅要学到，更要悟到、做到

加盟特许经营就是为了复制特许商的成功经营模式，因此加盟的过程就是学习、实践的过程。

加盟特许经营能获得比独立创业更多的学习机会和途径，但必须愿意学习并接受特许商的指导和培训。只有不断学习，才能适应社会发展，才能在市场上生存。

3. 双赢的心态——特许商与加盟商是利益伙伴关系

特许经营是一个合作的过程，加盟商必须站在双赢的心态上去处理与特许商、消费者之间的关系。成功的特许经营重在双赢，即市场的蛋糕不仅要一起分享，更要一起做强、做大。因此特许双方在这个过程中并不是要牺牲某一方的利益，而应寻找到双方都能接受的利益平衡点，相互合作，处理好双方关系，从而实现双赢。

4. 付出的心态——舍得，舍得，先舍后得

舍就是付出，付出的心态是创业者的心态，是为自己做事的心态。不愿付出的人，总是想省钱、省力、省事，最后把成功也省掉了。

5. 忍耐的心态——没有不赚钱的行业，只有不赚钱的企业

加盟一个无论多成功的品牌，都必然经过一个劳心费力的筹建期和一个开发积累客户的过程，所以经营早期往往是艰苦的，这段日子谁都要有耐性。但只要业务发展的趋势已进入良性阶段，成功只是时间问题。

6. 坚持的心态——笑到最后的往往是坚持不懈的人

签订了特许经营合同，就意味着你自愿在整个合同期限内从事该项事业，这对特许经营双方来说都是很大的承诺。加盟店的日常经营并不是想象中那样充满乐趣和挑战，相反，总会有些非常烦琐的事情需要坚持不懈地去做。因此当你认准了方向，就要把所投资的加盟店当作自己的事业来坚持。

7. 客观的心态——盲目自信等于自掘坟墓

在多变的市场环境中，加盟商不能闭门造车，更不能盲目自信，应注意客观地看待问题，心态平和地接受挑战并适时调整策略。

8. 豁达的心态——财聚人聚，人聚财来

对核心团队的正确心态，将直接影响最后能否成功。

二、完善加盟条件

一个出色的加盟商应具备图4-4所示的条件。

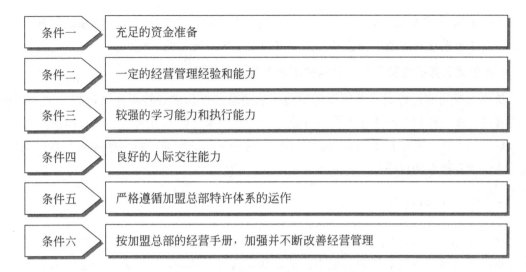

图4-4 一个出色的加盟商应具备的条件

1. 充足的资金准备

购买特许经营权首先是一种投资，因此需要对自有资金进行合理的分配，只将其中一部分用于投资才是理性的。通常在准备加盟投资资金时应计算包括用于支付特许经营费用、开设加盟店并维持至少半年至一年的正常运营所需的全部资金。正常运营资金通常包括：流动资金、员工薪资福利、房租、广告宣传费用等。

2. 一定的经营管理经验和能力

经营者的经营管理经验和能力是牵引加盟店运营的最大力量。不管加盟店的运营是否顺利，经营过程中产生的突发事件都是无法预知的，对这些事件的处理，在加盟总部的操作或指导手册中，大多没有可以参照的范本，这时是考验加盟商领导及决策能力的最好时机。明智的加盟商如果能体察入微、拿捏得当，并在下达指令时明确而又果敢，就可带领员工排除一个又一个的困难和危机。

3. 较强的学习能力和执行能力

加盟特许经营通常必须接受特许商持续的培训和指导，需要投资人能踏实地按照总部特许体系的规范干好每一天，甚至每一个细节，并能虚心接受特许商统一的管理、监督、指导。因此较强的学习能力和执行能力是投资人必不可少的。

4. 良好的人际交往能力

特许经营是建立在人与人之间关系上的商业运作，加盟商必须能与各种不同背景和文化的人打交道，并善于处理各式各样的人际关系，这对日常经营很重要。

5. 严格遵循加盟总部特许体系的运作

加盟总部经营经验的积累及品牌美誉店、知名度，是难以用价值来衡量的，是加盟商在当地市场获得成功的前提。所以加盟店店主不要轻言改变连锁加盟体系的经营方式，否则，变了质的连锁加盟，只会使加盟店早日走上失败的道路。

6.按加盟总部的经营手册，加强并不断改善经营管理

要成为成功的加盟商，就应该每日遵照加盟总部提供的各种手册及流程，加强经营中的管理，随时检讨各环节是否依照手册运行。同时要善于在实际工作中及时发现问题，找出解决的办法，并呈报加盟总部修改完善。这种双向的沟通，将会使加盟体系更完善，真正达到"双赢"的目的。

三、选择加盟品牌

对于想创业的人来说，加盟一个好的品牌就可以既自己当老板，又避免了创业的诸多风险，还能够减少创业资金等成本。但是如果选错了品牌，则可能是赔了夫人又折兵，白白浪费了大把金钱和时间。因此选对加盟品牌，或者说加盟总部，是加盟成功的有力保障。具体来说，创业者在选择加盟品牌时应注意图4-5所示的几个关键点。

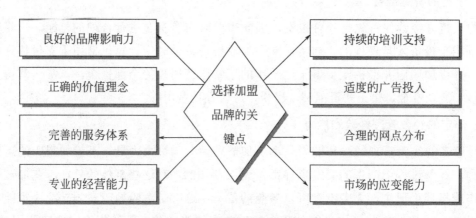

图4-5　选择加盟品牌的关键点

1.良好的品牌影响力

一个好的品牌由品牌知名度和品牌美誉度构成。

（1）品牌知名度。根据《营销三维论》中的"强势品牌论"，品牌知名度包括品牌辨识和品牌回忆的呈现。具有品牌识别能力的消费者，在获得某种提示后，便能正确地指出先前是否曾经看过或听过该品牌。品牌回忆指的是当消费者想到某种产品时，不经任何提示，便有能力回想起某特定品牌。

（2）品牌美誉度。品牌美誉度是社会和消费者对这个品牌的评价，常常是消费者决定购买的重要动力。比如有人想吃汉堡，他们的优先选择可能是麦当劳和肯德基。

品牌的知名度越高，品牌能够带来的客流和销售就越高，加盟者拓展市场时才更省心省力。

> **小提示：**
> 投资者在加盟时，一定要摸清品牌情况，选择一家有着较高知名度和美誉度的品牌，在一定程度上才能实现"背靠大树好乘凉"。

2.正确的价值理念

企业文化是企业信奉并付诸实践的价值理念，是在生产经营实践中逐步形成的，为全体员工所认同并遵守的、带有本组织特点的使命、愿景、宗旨、精神、价值观和经营理念。从本质上说，它包括企业职工的价值观念、道德规范、思想意识和工作态度等；从外在表现上说，它包括企业的各种视觉传播体系、文化教育、技术培训、娱乐联谊活动等。培育良好的企业文化，可以做到决策精明、信息灵敏、团结融洽、配合默契、效率快捷、勇于进取，可以在企业成员中造成强大的凝聚力和创业的动力。

加盟者在选择品牌时，要从图4-6所示的两方面来考虑品牌和企业文化。

方面一	好的品牌，往往会有一些独特的品牌文化，作为企业的灵魂，给予企业发展的不竭动力
方面二	该品牌的文化是否与你匹配。如果其品牌文化是内敛的、严谨的，就不太适合那些开放、活泼的加盟者，因为理念上的冲突，自然会影响后续的合作

图4-6　选择加盟品牌要考虑的品牌和企业文化

3.完善的服务体系

投资地产重要的是"地段、地段、地段"，而经营加盟项目成功的秘诀之一也是"地段、地段、地段"。"酒香不怕巷子深"的思想已经落伍，没有好的地段，再好的项目也有明珠暗投的可能，即使成功了，盈利的时间也会大大推迟。因此如何选择合适的经营地段，就成为投资商头疼的问题。

如果你选择了一家好的加盟总部，这时优势就体现出来了。正如大家所熟知的，麦当劳的选址几乎没有失败的案例。

（1）在选址时出谋划策。好的总部在选择加盟商之前，都会对市场考察和加盟店选址投入大量的精力。因此他们通常有能力为加盟商出谋划策，选定合适的地段，以此保证加盟店的客流量，为未来的经营埋下良好的伏笔。

（2）提供店面规划。好的总部会站在加盟商的角度，为其提供合理的店面面积规划。店面面积过大，容易使店面的有效资源得不到充分的利用，造成单位面积的管理成本高、盈利能力低；面积过小，则不能满足高峰期间的经营。

（3）后续服务有保障。正如销售产品的企业，其优良的售后服务能体现其品牌一样，好的加盟总部，往往都有完备的后续服务机制，这为加盟店的长足发展提供了有力保障。

比如，总部会根据加盟店的销售情况，由专业人员为其制订营销计划，以适应消费者的喜好。

（4）总部巡店考察。有些总部还定期或不定期去各加盟店进行巡察，这既体现了总部对加盟商事业的关注程度，同时也表明其对各加盟店运营情况的关心。从另一个角度来看，总部通过巡视过程，还能收集到许多市场信息，从而进一步采取策略，提高其竞争力。跟随这样的加盟总部，无疑是加盟商的福气。

4. 专业的经营能力

有许多连锁加盟总部的负责人并不具备经营管理的专业知识，只是因为开了一两家生意很好的店，遇到许多人想要加盟开分店，于是就草率地成立一个加盟总部。

连锁加盟的总部需要具备的专业知识相当多，包括市场的开发与管理、商圈的经营、行销与广告宣传活动、人员的招募与管理、财务的规划与运作等，这些都是协助加盟店妥善地长期经营店面的必要知识。说起加盟，投资者关心的无疑是投资回报，部分连锁企业大力宣扬其高额投资回报，有的甚至在宣传资料上标明投资回收期仅为一个月，都是不负责任的宣传活动。

好品牌通常会对加盟商作出一个全面的评价，给出一个客观、有效的投资回收期以及投资利润率。根据行业惯例，大多数连锁加盟行业1～2年的投资回收期应该是合理的。

5. 持续的培训支持

总部给予加盟商的培训支持是连锁加盟正常运转的核心要素之一。培训可以促进加盟商与总部之间的相互了解，提高加盟店成功的概率。对于投资新手来说，如何进行人员招聘，如何进行店面的日常管理，如何打开销售局面、提高营业额等，都是迫切需要学习的内容。只有真正好的品牌，才拥有一套完善和有效的培训体系，为加盟商扫清障碍。

了解一个品牌的培训能力，可以看它是否拥有自己的培训部门，有哪些培训课程，培训人员的实践经验和专业素养，培训期的长短，以及是否到店培训等。同时还可以通过了解已经加盟者的受训情况来判断总部培训的有效性。

6. 适度的广告投入

根据《营销三维论》培训课程中的"有效传播论"，广告是现代商战中必不可少的手段，也是先声夺人的有力武器。广告是信息传播的使者，是企业的介绍信，是产品的敲门砖，它在有效地传递商品信息和服务信息的同时，也为企业树立良好的形象，刺激消费者的购买欲望，引导消费者进行消费活动。

广告的投入及实施，也是加盟总部综合实力的一个体现。有实力的总部，为了进一步开拓市场，进一步配合加盟店的推广，往往会在中央电视台、各地卫视、各大门户网站以及各种重要的平面媒体上进行强势投入，同时在各个地区精耕细作，根据各个地区市场状况采用多种媒体组合方式进行宣传。而总部投入的大量广告，加盟商都是直接的受益者。

7. 合理的网点分布

好品牌会合理地控制连锁布点的密度。密度过高就会导致自相残杀；而密度过低，就会导致顾客不便，令竞争对手趁机进入。

8. 市场的应变能力

卖什么要像什么，所以加盟店要能够针对主力商品的消费模式来设计，但是商品是有生命周期的，所以加盟店的装潢与格调也要随同做调整。外在环境是一直在改变的，如果加盟总部不具备商品开发的应变能力，当现有的商品组合走到衰退期，不能满足消费者求新求变的需求时，加盟店的生存能力就会产生问题。

有些加盟总部并没有长久经营的想法，只想在市场上面捞一票就跑，或者自己就对本行业的前景没有信心，因此虽然现有的连锁加盟体系还在持续扩展，不过又转投其他的行业或是发展其他的品牌。而负责任的总部会珍惜连锁加盟系统建立的不易，遇到经营瓶颈时会设法找出加盟店与总部的因应之道，领导着加盟商一起渡过难关、开创新局面。

投资者在选择加盟品牌时，应该多了解加盟品牌对于事业发展的未来规划是否注重在本业上，以及其所投入的重点是否与本业相关。如果发现加盟品牌的真正兴趣并不是在本业上，那么是否值得加入就要很慎重地考虑了。

  小提示：

投资者应谨记，"品牌的实力与支持，永远是优先位的"，只有选对品牌，加盟成功才具基础。

相关链接

经济型酒店加盟品牌介绍

1. 维也纳酒店

【经营模式】直营、特许。

【品牌源地】深圳。

【适合人群】公司增项、业主投资。

【品牌介绍】

维也纳酒店有限公司创始于1993年,是中国中档商务连锁酒店知名企业。

维也纳酒店有限公司致力于为客户提供健康、舒适的高附加值产品及良好的睡眠体验,形成了"舒适典雅、健康美食、豪华品质、安全环保、音乐艺术、健康好眠"六项品牌价值体系,在管理模式、人才梯队、品牌培育、扩张发展、资本管理等方面走在行业前端。

截至2019年5月,维也纳酒店有限公司在全国326个大中城市运营2600多家(在营及在建)分店,超过36万间客房,与锦江国际集团全球注册会员总数超过1.5亿,创下成立至今零事故的安全记录,现每年以新增800～1000家以上门店规模的速度发展。

【加盟优势】

(1)省心省力。一站式综合解决方案让业主省心省力。

(2)培训体系。维也纳大学持续输出科学的酒店管理经验为其赋能。

(3)投后管理。完善的投后管理体系,提供丰富的资源支持。

(4)低成本高回报。科学的酒店经营管理模式,提供高回报率的酒店投资产品。

【加盟条件】

(1)项目选址。全国各省会城市、直辖市等经济比较发达的城市(GDP在500亿元以上的地级城市),并重点向一线城市及旅游度假胜地城市覆盖。

(2)认同企业文化。认同维也纳企业文化,充分理解并支持维纳斯皇家酒店经营理念。

(3)高度诚信。具有高度诚信契约精神,忠实地履行合同所规定的条款,按期缴纳各项费用。

(4)持有合适物业。拥有或租赁有适合长期经营、可改建为维纳斯皇家酒店物业的产权或者完全使用权。

(5)项目选址。对于已精装修的房屋,按照"维纳斯皇家酒店"统一的软件标准统一配置,对于未装饰装修的房屋参照维也纳建店标准打造。

【加盟流程】

(1)加盟业主提出申请。

(2)维也纳对项目实地评估。

(3)维也纳加盟决策报告。

(4)项目立项通过决策。

(5)签署加盟管理合同。

(6)加盟服务启动。

2. 锦江之星

【经营模式】直营、特许。

【品牌源地】上海。

【适合人群】自由创业、在岗投资、毕业生创业。

【品牌介绍】

锦江之星旅馆有限公司（以下简称"公司"）成立于1996年，是锦江国际集团核心产业锦江酒店旗下的一个重要的酒店管理公司。目前运营和管理的酒店品牌有"白玉兰""锦江之星""锦江之星·品尚""锦江之星·风尚""金广快捷"和"百时快捷"。

锦江之星是标准经济型酒店品牌，自品牌创立以来，一直以统一化、标准化的品牌及产品形象呈现给大众。

自1997年第一家门店在上海开业以来，锦江之星连锁酒店总数已超过1300家，其中境外2家，其余酒店分布在全国31个省（市、区）340余个城市。目前锦江之星以品牌特许经营为主，实施轻资产战略，是锦江之星旅馆有限公司的主力品牌。

【加盟优势】

（1）成熟的管理。拥有60多万企业客户，550万移动端预订量；每天3万电子商务渠道预订量；2017年，共享Wehotel 1亿高质量会员。

（2）6大运营体系。市场营销体系；加盟管理体系；共享业务管理体系；卓越绩效管理体系；品牌标准管理体系；人才培训与培训体系。

【加盟条件】

（1）建筑物产权明晰，建议确保10年以上的使用权，外观整齐，最好为框架结构。

（2）相关基础设施配套完备，周边能留有一定的回旋余地，配有一定数量停车位的更好。

（3）建筑物应具备良好的可及性和可视性；位置以城市核心城区及副中心、商务中心、交通枢纽附近区域、会展中心、大型商业中心、附近有便捷的公共交通设施等地为佳。

（4）建筑面积约3000~10000平方米，严格按照公司要求改造。

【加盟流程】

加盟流程如下图所示。

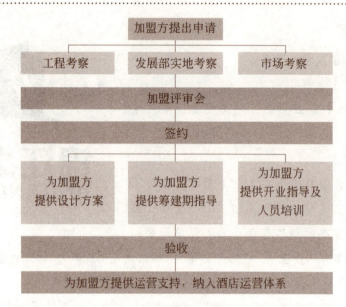

加盟流程

3. 汉庭酒店

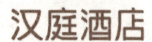

【经营模式】直营、特许。

【品牌源地】上海。

【适合人群】自由创业、在岗投资、毕业生创业。

【品牌介绍】

汉庭是华住酒店集团旗下第一个品牌。

"汉"取自《诗经》中的"维天有汉",原指银河、宇宙,也有着对汉唐盛世的骄傲。"庭"就是庭院,给人安静美好的联想。"汉庭"二字寄托了创始人季琦先生"人在旅途、家在汉庭"的美好愿望。汉庭的标志源于东汉青铜器"马踏飞燕",呈现了自由驰骋于地平线上的非凡旅程景象。

2019年,汉庭以10.59亿美元品牌价值,品牌价值增长58%,位列榜单76名,连续六年荣膺BrandZ最具价值中国品牌100强。在通往国民酒店品牌的路上,汉庭坚持真材实料,一丝不苟,不断优化酒店产品与硬件质量,始终融合现代美学设计,以剔繁就简、精致品质化的设计理念为旅人创造宜居舒适的空间。无论你是谁,从哪儿来,要去哪里,汉庭以最便利的位置、良好的口碑、高性价比的产品与极致干净的运营体系给您最放心、舒适、温暖的家。

【加盟优势】

汉庭拥有成熟的运营经验和服务体系,始终坚持设计标准、施工造价等信息公平、公正、公开的原则。每一位签约汉庭的加盟商都能绝对公平地享受完善的服务体系。同时对于加盟商提出的合理建议和需求,汉庭也会积极采纳。虽然城市类别、地理位置、物业条件等因素的差别,但通过不断优化产品,提高服务质量,也能使整体经营业绩逐步递增,保障短期盈利、长期盈利能力。

【加盟条件】

(1)便利的交通条件。

(2)周边生活气息浓厚、配套设施完善。

(3)产权明晰、消防验收合格。

(4)大堂公共区域面积80平方米以上。

(5)单间使用面积17平方米以上。

(6)建筑面积2000～8000平方米。

(7)接受翻牌酒店单间改造费用3.5万元。

(8)框架物业单间营建成本6.5万～7.5万元。

【加盟流程】

(1)加盟申请。加盟者通过华住官网(www.huazhu.com)、华住微信公众号(华住微加盟)和拨打加盟电话(021-6195-9590)申请加盟。

(2)项目初审。开发经理勘址。

(3)初排房。初步确认项目房间数,需注意的是初排房图纸不可作为施工依据。

(4)项目勘察。开发部、工程部及运营部勘址,对项目的可行性及投资回报进行调查和分析,以测算表及勘察报表形式提交决策报告。

(5)项目决策。

(6)商务条款洽谈。开发项目经理依照特许经营政策及项目决策意见,进行商务条款洽谈,最终以双方签订的合同为准。

(7)合同签署。签约前需提供相关前置文件。

4.如家酒店

【经营模式】直营、特许。

【品牌源地】上海。

【适合人群】自由创业者、在岗投资、毕业生创业、其他。

【品牌介绍】

如家酒店是首旅如家酒店集团旗下的温馨舒适的商旅型连锁酒店品牌。如家酒店是国内商务酒店品牌中规模最大的品牌,目前在全国360多个城市拥有2300余家酒店。多年获得中国酒店"金枕头"奖和"中国最受欢迎经济型连锁酒店品牌"殊荣。自创建以来,始终满足大众多元化的住宿需求和引领未来趋势,为宾客提供工作与旅途中温馨舒适的"家"。

此次全新迭代升级的如家酒店,着眼于商务出游人士的出行痛点,通过清新淡雅的现代设计诠释经典品牌,以标准化的产品、友善可靠的服务设施,触动每一个宾客的内在灵魂。

【加盟优势】

(1)基础管理功能(预订、入住、接待、房态、客情等)。

(2)宾客满意度(合作慧评网,推送本民宿与周边民宿的宾客评价及大数据分析)。

(3)培训(如家管理大学提供的网络培训、专项培训课程、民宿管理手册指导)。

(4)成本分析(记录每日、每月本民宿的各项成本数据,并提供本区域内的如家酒店标杆大数据,帮助业主更清晰地分析本民宿的成本费用是否合理)。

(5)充值功能(预充费用,无需人工单独对账,节省人力成本,自由方便)。

(6)帮助功能(民宿基础信息、维护保障信息、民宿周边信息、供应商采购信息、如管家使用手册、小如答疑)。

【加盟条件】

(1)认同如家企业文化,充分理解并支持如家经营理念,忠实地履行特许合同,按期缴纳各项特许费用。

(2)拥有或租赁有适合长期经营、可改建为如家酒店物业的产权或者完全使用权,且物业要求地理位置好,交通便利,有通往商业区及机场、火(汽)车站的公交线路,客房数不多于130间。

(3)按照"如家"统一的硬件标准自行进行装修改造。

(4)拥有充足的改造资金(不少于600万元),加盟资金和不低于50万元人民币的流动资金。

(5)业务上可聘请如家进行管理(如家派遣酒店总经理),确保统一的管理服务标准。

(6)如家公司认可的其他条件。

【加盟流程】

(1)初步了解。加盟者可以通过打电话、QQ、留言等方式详细咨询如家酒店项目的情况。

(2)双方意向沟通。加盟者了解如家连锁酒店加盟代理所需要的条件,判断、评估、审核,确定自己是否适合加盟或代理如家连锁酒店加盟项目,这是一个相互选择的过程。

(3)确定加盟意向。了解详细的加盟政策后,确定自己的加盟意向,确定要加盟的,填写加盟申请,提交总部审核。

(4)签订合同。如家酒店加盟商签订加盟合同的同时交纳加盟费、品牌保证金、品牌权益金等费用。

(5)确认商圈及店铺地址。如家酒店总部协助合作商确认商圈及选址,以保证加盟店后期的运营。

(6)店铺装修。如家酒店设计部提供装修施工图,实施门店装潢,设备耗材及经营用品的配送,设备安装调试。

(7)加盟培训。如家酒店加盟者到总部接受技术、管理、运营等全方面培训,并接受考核。

5.7天连锁酒店

【经营模式】直营、特许。

【品牌源地】广州。

【适合人群】自由创业、在岗投资、毕业生创业。

【品牌介绍】

7天品牌以"至简即优"为核心价值理念,回归住宿的本质,一切以提供360度优眠空间体验为原点,在最简约的空间里提供超级的品质居旅体验,以简单高效、轻松无忧打造品质出行的至优之选。

作为家喻户晓的国民酒店品牌,7天自2005年成立以来,在全国超过370个城市拥有在营门店2400多家,其中2014年推出定位于优质商旅高端经济型的7天优品酒店,作为7天品牌开拓海外市场的首个战略性产品,目前在欧洲和东南亚地区开业及筹建门店达20多家,步伐早已遍布全球。在未来,7天品牌将继续深耕优眠体验,致力于成为全球优选的中国连锁酒店品牌。

【加盟优势】

(1)酒店业知名品牌,具行业强大竞争力。

(2)强大会员体系,实现稳定收益。

(3)因地制宜的管理模式,省去管理烦恼。

(4)专业支持团队,提供高质服务。

(5)投资人管理系统,公正、透明监督。

（6）电子商务先行者，带领网络消费潮流。

【加盟条件】

（1）建筑物要求

① 建筑物的建筑面积在2500～5000平方米以内。

② 出房数量不少于80间。

③ 周边有一定的空地，进出路通畅并有充足停车位。

（2）基础设施情况（最佳）

① 进水管的管径不小于DN80；用电不低于300千伏安。

② 有煤气管道接入或可以接入；物业产权清晰。

③ 纳入市政排污管网，供暖（北方地区）等设施到位。

④ 物业使用性最好是商业服务业或使用性质可以改变为该用途。

（3）地理位置要求

① 当地的市级商务中心、会展中心、贸易交易中心、交通中心、大型游乐中心；具有良好的可见性，最好是"金角银边"（十字路口）。

② 有一定的广告位，交通流动性好，车辆进出便利。

③ 在选址点的200米方圆内有5条以上能通达商业中心\机场\车站\码头的公交线路。

【加盟流程】

（1）加盟者初步了解7天品牌及两个产品（7天酒店、7天优品）的信息，明确投资意向。

（2）自有或租赁有适合改造为7天产品的物业（面积一般要求为2500～5000平方米），且具备充足的酒店筹建资金。

（3）拨打投资热线：020-89663000，或发送邮件至jm@platenogroup.com。

（4）总部会有专业的酒店开发投资人员与加盟者联系，为加盟者进行物业评估、选址分析等。

（5）加盟者的条件符合投资要求的，总部将与加盟者签订投资合同，加盟者须按合同约定交纳相关费用。

（6）总部会有专业的酒店工程筹建人员为加盟者提供咨询、指导、检查，协助加盟者顺利建设一家符合7天标准的管理店（7天酒店、7天优品）。

（7）酒店筹建完毕，7天酒店、7天优品酒店由7天店长启动运营并接受7天的管理培训后，按公司的运营要求经营分店。

6.格林豪泰酒店

【经营模式】直营、特许、合作。

【品牌源地】国外。

【适合人群】自由创业者、在岗投资、毕业生创业、其他。

【品牌介绍】

作为位列中国连锁酒店品牌规模前四强，格林豪泰秉承"客人利益永远第一"，致力于提供"超健康、超舒适、超价值、超期望"的酒店产品和服务。酒店配备早餐厅、会议室、商务中心、健身房、书吧等，大多数房间价格在180～400元。

【加盟优势】

（1）品牌支撑。依托国际、国内一线品牌集团公司——格林酒店集团，3000多家酒店成功案例。

（2）会员资源。95%的自有客源；3600万个人会员；138万企业客户。

（3）成本优。酒店设计、装修、集采一站式服务；平均7.5万～8万元/间装修成本；中央预订费低至10元/间夜起；经营管理费用仅为同类品牌的50%。

（4）效益高。90%以上的酒店在3.5年内收回成本；优异的酒店投资回报率接近100%；很多酒店投资回报率高于同类酒店100%以上。

（5）系统先进。全方位运营管理支持系统，城区和加盟商服务系统；单店平均最活跃的APP系统支持，客房和物业管理等自动管理系统；酒店IT中央设备免费提供和数据安全保护，OTA房态房价管理促销系统；7×24小时热线客户预订、客户服务及投诉管理支持，质量检查和支持系统，忠诚会员奖励支持系统，包括168商城。

（6）培训体系。聚集行业精英，配合独一无二的格林学院培训体系；加盟商管理和培训支持；员工发展和系统培训计划；财务管理和培训计划。

【加盟条件】

（1）区域位置。靠近行政中心、商务中心、展览中心、教育资源密集区、交通枢纽、大型游乐中心或者其他客源丰富的区域。

（2）政府规划。政府对物业所处位置及周边未来5～10年内的规划，包括修路、动迁等。

（3）交通条件。临近主干道，交通流动性好，进出通道畅通便利，双向通行，无隔离栏或绿化带。

（4）周边配套。有餐饮、娱乐、购物、休闲等生活配套设施。

（5）物业的可视性。楼体易见，店招醒目，广告效果好。

（6）物业体量。4000～10000平方米，或者可开设90～200间房的体量。

【加盟流程】

（1）一通电话。只需一通电话（4006-998-998转6）将合作意向、项目情况、所在城市告知集团总部，或者以E-mail（hezuo@998.com）、传真（021-5653-1299）、快递（上海市长宁区虹桥路2451号，邮编200335）送至格美集团投资发展部。

（2）1～2天到达现场。集团对项目进行初审，对于能使加盟商和集团达到双赢的项目，集团将与加盟商协商，约1～2个工作日内，安排开发项目经理实地考察。

（3）1天完成评估。集团开发项目经理前往项目现场考察，约1个工作日收集完全面信息，包括对项目周边消费水平、发展潜力进行评估，以及营收测算、工程改造等，并以面对面会议形式互相了解，通过后，最终完成评估。

（4）合作达成。集团提供专业的投资分析报告、工程改造预算报告，经过双方确认无误后签订"特许经营合同"，自合同签订之日起，2～7个工作日完成审批。

7. 全季酒店

【经营模式】直营、特许、自由连锁。

【品牌源地】上海。

【适合人群】自由创业、在岗投资、毕业生创业。

【品牌介绍】

全季酒店成立于2010年，隶属华住集团，是中国领先的中档酒店品牌。目前已进驻中国110多个城市，开业已超过600家。

全季酒店是为东方人所打造的酒店，以"温、良、恭、谦、让"的五德精神作为设计理念，倡导"自然·适度·自在"的东方美学生活方式的人文酒店。

全季酒店以简约而富有品质的设计风格，深受客户喜爱的酒店设施，恰到好处的优质服务，致力于为智慧、练达的精英型商旅客人提供最优质地段的选择。

【加盟优势】

（1）品牌优势。全季酒店已有多年的运营经验，公司依托品牌优势和技术资源。

（2）产品优势。全季酒店拥有国内外专业设计精英团队，随时掌握新资讯，设计流行的产品。

（3）设计服务。签约后，华住免费为加盟商提供外立面效果图和平面布局设计图，并由华住指定的设计院进行现场勘测和深化图纸设计（收费）。

（4）全程工程指导。华住为加盟店的装修工程提供施工标准及工程项目经理的指导服务，包括前期现场勘查、交底会、开工后每周一次的现场指导及竣工验收。

（5）中央采购支持。华住选择的采购物品综合考虑了产品的款式、功能、成本和节能，并且选择具有诚信和实力的供应商，我们与加盟商分享华住强大的中央采购渠道，使加盟店能享受与直营店同等的价格和产品质量。

（6）全季加盟开业筹备服务。加盟店工程竣工前一个月我们的开业团队将进驻酒店，开始人员的招聘、培训和开业物品备置等开业筹备工作。

【加盟条件】

（1）项目面积不小于3500平方米。

（2）大堂净面积。一线、二线城市不小于150平方米；三线及以下城市不小于200平方米。

（3）餐厅净面积。不小于客房数/平方米。如：100间客房，餐厅面积不小于100平方米。

（4）客房净面积。一线、二线城市不小于20平方米/间；三线及以下城市不小于23平方米。

（5）电梯至少2部，直达大堂、餐厅、客房；每75间客房一台电梯。

【加盟流程】

（1）加盟申请。加盟者通过华住官网（www.huazhu.com）、华住微信公众号（华住微加盟）和拨打加盟电话（021-6195-9590）申请加盟。

（2）项目初审。开发经理勘址。

（3）初排房。初步确认项目房间数，需注意的是初排房图纸不可作为施工依据。

（4）项目勘察。开发部、工程部及运营部勘址，对项目的可行性及投资回报进行调查和分析，以测算表及勘察报表形式提交决策报告。

（5）项目决策。

（6）商务条款洽谈。开发项目经理依照特许经营政策及项目决策意见，进行商务条款洽谈，最终以双方签订的合同为准。

（7）合同签署。签约前需提供相关前置文件。

8.亚朵酒店

【经营模式】直营、特许、合作、自由连锁。

【品牌源地】西安。

【适合人群】自由创业。

【品牌介绍】

亚朵酒店是以"阅读"和"摄影"为主题的人文酒店。亚朵酒店拥有高品质的客房产品设施，细致温馨的服务注入浓厚的人文氛围，为中高端商旅人士打造理想的

住宿体验。截至2019年8月26日,已在全国开业380家,签约787家,分布于162个城市。

亚朵酒店作为国内首家最好的人文酒店品牌,现已经成功完成了从亚朵酒店到亚朵生活的战略转型。从经营酒店到经营空间再到经营人群,亚朵酒店一直秉承着"始于酒店,不止于酒店"的初心,致力于为用户打造亚朵生活生态圈,即以酒店为起点,连接用户生活中各个方面。

【加盟优势】

(1)强大的管理团队阵容。管理团队营运两家酒店上市公司,管理超过3000家酒店,拥有丰富的体系搭建、运营和管理能力,处于行业领先水平。

(2)庞大的自有会员体系。超过1800万会员(截止到2019年7月),覆盖有生活品位的商旅人士,亚朵APP、小程序持续引流。

(3)高口碑及业内荣誉。2019年中国连锁酒店高端品牌规模第一(中国协会)、中国饭店集团60强(中国旅游饭店业协会)、旗下酒店平均网评分4.93分(满分5分,慧评网)、21世纪中国最佳商业模式(21世纪商业评论)。

(4)投资价值及优势。坚持"高品质、高效率、高溢价",中端酒店投资人满意度、顾客满意度、投资回报率三项领先(酒店产权网),"亚朵指数"和"盒合指数""星巴克指数"并称为一座城市的三大指数,用来反映城市商业时弊度和文化扭转,并且衡量城市的时尚度(全联房地产商会商业地产研究会《2018中国新商业城市研究报告》)。

【加盟条件】

(1)布局城市。一线城市;二线城市一类、二类商圈;三四线城市核心商圈。

(2)物业条件

①建筑面积要求4000~15000平方米。

②房间数要求80~300间。

③客房套内面积25~35平方米。

④独立大堂200平方米以上,独立电梯。

⑤物业产权清晰,适用于酒店经营。

【加盟流程】

加盟流程见下图。

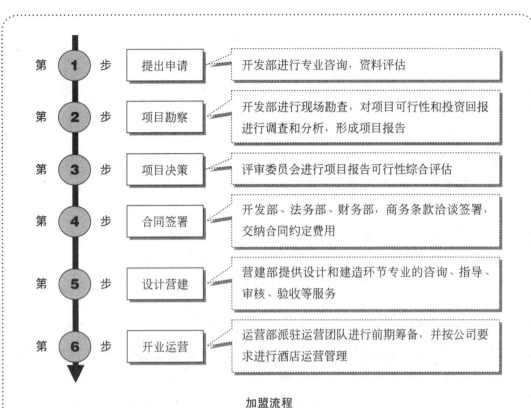

加盟流程

9.城市便捷酒店

【经营模式】直营、特许。

【品牌源地】深圳。

【适合人群】自由创业。

【品牌介绍】

城市便捷酒店隶属于东呈国际集团。城市便捷酒店是全民优选高端经济型酒店品牌,2006年创立于深圳;2011年成功进军海外市场;已实现全国覆盖。清新英伦风尚、现代极简设计;品质大堂、城市咖啡吧、国际香薰、舒适沐浴、时尚家具、五星床品,为宾客提供超越期待的高性价比住宿体验。

【加盟优势】

(1)高会员入住率。会员入住率达到85%;付费会员数超过3000万;超过400万微信活跃会员。

(2)高投资回报模式。24小时咨询专员进行加盟咨询解答;专业项目经理就近派遣进行加盟全程指导;协助业主精准选址,市场精细化分析;免费提供高性价比的加盟方案;为各类投资人带来了稳定、高额的投资回报。

（3）整套标准化连锁管理工具。加盟服务管理手册；产品标准手册；质检标准手册。

（4）成熟的管理经营能力。成功运营超过2500多家酒店；客房数超过20万；遍及200多个主要城市；拥有覆盖全国的酒店网络体系。

（5）国际化战略布局。东呈国际集团与万豪国际集团战略合作，联手在中国引进"万枫"酒店品牌；东呈国际在全球200多座城市拥有超过2500家酒店（含筹建）。

（6）源源不断的人才培养。设有东呈大学/青苗计划等培训课程；设立广州总院、长江分院、邕江分院、太湖分院四个院校；采用先进的教学化设施，由具有丰富酒店从业经验的行业专家进行授课。

（7）强大的金融支持。授信超100亿元人民币；全面支持加盟融资需求；合作金融机构有中国银行、交通银行、华夏银行、桂林银行等。

【加盟条件】

（1）加盟商资格

① 文化和经营理念认同。认同东呈国际集团的企业文化，充分理解并支持总部旗下的城市便捷品牌经营理念。

② 自愿加入管理体系。自愿加入城市便捷的管理体系，接受城市便捷的加盟管理模式。

③ 符合投资能力条件。拥有充足的投资资金（改造装修约650万，流动资金约50万）。

④ 具备自行改造能力。认可并按照城市便捷酒店装修标准来改造酒店。

⑤ 信用良好。无不良资产和负债，无不良信用记录。

（2）加盟可选城市/地段。全国省会城市、直辖市；全国主要经济发达城市；全国经济发达的二、三、四线城市；位置靠近大型商业中心、商务中心、展览中心、游乐中心、交通中心、交易中心等。

（3）物业选址区位条件

① 拥有或租赁有适合长期（10年以上）经营、可改建为酒店物业的产权或者完全使用权。

② 客房数不少于80间。

③ 交通流通性好，车辆进出便利。

④ 在选址辐射200米内有3条以上能通往商业区及机场、火（汽）车站的公交路线。

（4）建筑改造条件。可利用旧厂房、旧宾馆、写字楼、公寓等进行改造，以整栋楼或整个大院为最佳。基本条件如下。

① 建筑物为长方体，建筑面积：2500～8000平方米，可改造成80～200间客房。
② 建筑物结构为框架结构，外观整齐，允许进行改造。
③ 外立面可进行整体装饰最佳，楼顶和外墙最好可以设置户外广告位。
④ 周边一定有回旋余地，可以合理分布对客区域与员工区域。
⑤ 周边有一定的空地，进出路通畅并可停车，停车位在10个以上。
⑥ 基础设施情况（最佳）。用水额度不低于3600吨/月，用电不低于300千伏安。

【加盟流程】

（1）加盟商申请。加盟商可通过集团加盟官网（www.dossenjm.com）在线提交加盟申请；或直接拨打4008-930-939，办理加盟信息登记事宜。

（2）项目勘察。项目物业评审由开发、工程和运营部门共同参与实地调研，前瞻性地对项目运作可能性及投资回报进行条件评估分析。

（3）初步排房。初步排房是加盟酒店结合当地市场情况、物业实际条件进行的初步设计，包括项目的房间数和单双比例，但初步排房图纸不作为最后施工的依据。

（4）项目决策与项目否决。

（5）商务条款洽谈。开发项目经理依据加盟政策及决策意见进行商务条款洽谈，以签订的《特许经营合同》为准。

（6）合同签署。合同签署需要具备以下文档：《特许经营合同》及其附件；初房图纸/加盟项目土地使用权证及产权证；加盟商对物业拥有使用权的相关证明，合同双方营业执照或者身份证件。

10. 速8酒店

【经营模式】直营、特许、合作。

【品牌源地】国外。

【适合人群】自由创业、在岗投资。

【品牌介绍】

速8酒店是世界著名的连锁酒店品牌，隶属于全球知名的酒店集团——温德姆酒店集团，在美国、加拿大、中国、巴西均有运营中和筹建中的酒店。截至2018年12月，速8全球酒店数量近3000家，约18万间客房。

1974年速8酒店在美国南达科他州阿伯丁开业。首家开业的速8酒店是一家有60间客房、价格为每晚8.88美元的汽车酒店。速8品牌的宗旨是提供符合宾客需求的高性价比产品，为宾客带来干净舒适的住宿和热情友好的服务。

速8酒店于2004年进入中国市场，和其他连锁酒店不同，速8酒店鼓励加盟商根据当地市场情况、自身喜好需求，融入地方特色和个性风格，赋予酒店独特价值的同时，为宾客带来不同城市的风土人情与地域文化。

【加盟优势】

（1）40年+世界领先酒店集团品牌背景。国际品牌，美国温德姆酒店集团旗下子品牌；行业资深，始于1974年的干净&友好；集团背景强大，降低投资风险；业内备受欢迎和关注的酒店品牌之一。

（2）15年+中国特许加盟酒店市场积累。品牌规模优势，发展速度快；品牌口碑优势，影响力辐射全国；成熟的特许加盟模式，科学的运营体系指导；总部全方位加盟支持，投资回报周期短。

（3）2000+国内开业门店连锁经营。统一/完善的品牌标准；自主经营与委托管理相结合；采购品质保证；多维度营销推广。

（4）2000万+活跃会员资源共享。拥有自主版权的国际分销系统；拥有强大的速8流量池；多渠道活跃会员线上线下共享；大客户专属服务。

【加盟条件】

（1）资质背景

① 业主。愿意接受国际化的酒店管理模式，与速8酒店特许经营的发展理念一致，有自主经营管理意识。

② 物业。独栋物业（共用物业需具备独立大堂），房间数60间以上。物业结构适合改造成酒店经营，符合国家与速8酒店就安全和其他相关的要求。

（2）物业选择

① 位于大中城市中心地段、核心区域或地标建筑附近等，客源充足。

② 交通条件便利快捷。

③ 具有良好的可视性和一定的广告位。

④ 周边配套设施齐全。

【加盟流程】

（1）初步了解、介绍。

（2）支付申请费用。

（3）项目实地评估。

（4）业主公司提交申请文件。

（5）邮寄合同、特许公告、提供贵公司相关文件。

（6）合同解释、说明。
（7）商业条款确定。
（8）合同签订，支付加盟阶段相关费用。

第三节　签订加盟合同

在加盟之前，签订合同是一个十分必要且重要的环节。合同的签约是对双方权益的保障，同时也是对双方权责的划分。

一、特许合同的内容

特许加盟合同是特许企业和特许加盟商之间的合作合同，主要包含合作对象、合作内容、合作期限、权利与义务、争议处理方式等主要内容。

加盟者在签订加盟合同之前，应特别关注表4-1所示的事项。

表4-1　审查特许加盟合同的事项

序号	审查项目	关注要点
1	特许者提供的服务项目及其费用	（1）合同应详细列明特许者提供服务的项目 （2）有无隐藏不可预见的费用？
2	合同期间	（1）期限长短有无明确？ （2）期限是否和租约配合？
3	合同延续	（1）期满后可否续约？ （2）续约有无条件？若有，条件为何？是否详细明列？
4	加盟金、权利金及其他款项	（1）加盟金到底包含哪些项目？ （2）其包括开张时的存货或新货吗？ （3）多少自备款可开始营业？ （4）是否须缴纳定期权利金？如何计算？如何给付？ （5）特许者是否提供记账、报税等服务？如有，是否须额外缴交费用？ （6）是否必须加入合作广告计划？其费用的分摊如何计算？特许者提供哪些产品或促销服务？
5	商圈保护	（1）合同有无授予独占区域？ （2）独占区域是否在有些目或营业额达到某种标准即终止？
6	采购生财器具	（1）是否所有的生财器具都必须向特许者购买？其价格及条件是否合理？ （2）特许者是否提供贷款？

续表

序号	审查项目	关注要点
7	选择地点	（1）特许者是否协助选择地点？ （2）谁对地点的选择做最后决定？ （3）装修蓝图是否由特许者提供？ （4）有无定期重新装潢及翻新的要求？ （5）如须申请更改建筑使用执照，谁负责提出申请及负担期间费用？ （6）租约条款约束
8	教育训练	（1）特许者是否要求加盟者参加训练课程？ （2）有无继续教育及协助？ （3）是否持续性地提供加盟者员工训练的配合？ （4）是否要付费用？费用多少？
9	财务协助	（1）特许者是否提供财务协助或协助寻找贷款？ （2）如有提供财务协助或贷款，其条件是否合理？ （3）特许者是否提供缓期付款的优惠？ （4）有无抵押？
10	采购对象限制	（1）合同是否要加盟者只能向特许者购买所需的货品或只能向特许者指定的厂商购买？ （2）如有，其价格及条件是否合理？
11	限制营业范围及贩卖之物品	（1）合同是否对所贩卖物品的项目有所限制？ （2）限制是否合理？如须卖其他物品，有无须特许者同意的申请步骤及程序？
12	竞业禁止	（1）合同是否限制加盟者在合约满或转让后，不得从事同类型的商业行为？ （2）如有，其期限及区域是否合理？
13	会计作业要求	（1）特许者是否提供簿记及会计的服务？ （2）如有，是否需额外收费？其收费是否合理？
14	客户限制	（1）有无限制客户对象？ （2）如售出超越授权的地区，有无惩罚条款？
15	广告促销计划的配合	（1）广告是地区性或全国性，其费用支付方法是怎样的？ （2）如地区性促销是加盟者自理，特许者是否提供过去经验与协助规划的服务？ （3）特许者是否提供各种推广促销的材料、室内展示海报及文宣品等？有无另外收费？ （4）加盟者是否可自行策划区域的促销？如何取得特许者的同意？
16	违约条款	（1）何种状况视为违约？ （2）违约项目是否属加盟者能力范围所能控制的？ （3）其订定项目与核实标准是否合理？

续表

序号	审查项目	关注要点
17	通知条款	(1) 若违约，特许者是否有义务以书面通知加盟者延期并更正？ (2) 其期间有多长？是否足够？
18	违约后果	(1) 违约时，特许者采取何种方式因应？ (2) 特许者是否可以直接取消该连锁加盟契约？ (3) 有无违约金条款？金额多少？
19	合同终止的处理	(1) 特许者是否有义务购买加盟者的生财器具、门店租约及其资产？ (2) 处理费用如何归属？ (3) 处理期间多少？是否足够？
20	加盟者转让的权利	(1) 加盟者是否可于契约期间转卖门店资产？ (2) 加盟者是否可于转卖时同时转让加盟合同或特许者有义务与承买者签订新合同？ (3) 特许者是否有权核准或拒绝转卖，其权利是否合理？ (4) 租约可否转让？ (5) 特许者是否有权核定承买者的资格？其资格如何认定？ (6) 是否须付给特许者部分转让费？
21	特许者的优先承购权	(1) 合同中有无明示何种情况下特许者可承购？ (2) 其承购价格由谁评估？商誉及净值是否列入考虑？ (3) 加盟者求售时是否有义务先向特许者求售？
22	加盟者生病或死亡	(1) 合同是否直接由继承人承接？ (2) 合同是否由遗产管理人承接？ (3) 合同者如长期失能，是否必须转让？
23	仲裁诉讼处理	(1) 是否由总部仲裁解决所有争议纠纷？ (2) 仲裁是否比诉讼省时、省钱？
24	诉讼管辖地	(1) 特许者指定的诉讼管辖地是否为其总部所在地？ (2) 是否考虑改为加盟店的所在地对加盟者较为有利？
25	加盟者亲自经营的要求	(1) 合同是否要求加盟者每日亲自经营？ (2) 合同是否禁止加盟者维持其他职业？

二、签订特许合同的注意事项

特许加盟已经成为一种流行，但随之而来的加盟纠纷也越来越多。而产生纠纷的主要原因在于加盟者签订特许加盟合同对内容没有详细阅读，且有种弱势心理，认为合同内容不可随意更改，从而导致在加盟后产生各种争议。"加盟有风险，创业须谨慎。"身为相对弱势的加盟者对于签订特许加盟合同时更应对条款有一定的了解，并注意保护好自身合法权益。所以加盟者在签署加盟合同前一定要注意图4-7所示的事项。

图4-7 签订特许加盟合同的注意事项

1. 审查特许企业的履约情况

（1）主体资格审查。即是否具有相关证明文件，如特许企业是否合法存在且具有独立法人资格；特许企业是否具有自己的注册商标，且该商标是否已经注册成功。

（2）经营能力审查。即从事特许经营活动应当拥有的成熟的经营模式，如是否具备为加盟者持续提供经营指导、技术支持和业务培训等服务的能力。

《商业特许经营管理条例》第七条第二款中规定，特许人从事特许经营活动应当拥有至少2个直营店，并且经营时间超过1年。

2. 合同中涉及的金额问题

（1）特许经营费用的种类、金额及其支付方式。通常情况下，特许企业会向加盟者收取三种费用，分别是加盟金、权利金及保证金。详细说明见表4-2。

表 4-2 特许企业会向加盟者收取的费用

序号	费用类别	说明
1	加盟金	加盟金是指加盟商为获得经营权而向企业支付的一次性费用。正规的企业收取加盟费是正常的行为，但有些企业用设备购置费代替。对于这种情况，加盟商签约前一定要查清楚设备的价款是否远高于市面同类设备的价格，防止受骗
2	权利金	权利金，是一种持续性的收费，加盟者要持续使用特许企业的商标，就必须支付这个权利金，所以加盟者在签合同时要注意权利金是按年按季度还是按月支付。但须注意，某些特许企业会要求加盟者一次开出合约期限内全额权利金的支票。加盟者若遇到这种情况，务必记得在合约上注明："当加盟店不再开店时，特许企业必须退回未到期的权利金"，以保障自身的权益
3	保证金	特许企业为确保加盟者确实履行合约，并准时支付货款等所收取的费用。合同到期后，保证金应退还加盟者。对于保证金收取过高的特许企业，在签订合同时一定要注意保证金应当在合同到期后无条件退还，不得附加其他条件。另外，对于提前解除合同时保证金的退还情况也应当在加盟合同中写明

（2）特许企业供货价格。为防止特许企业所提供的货物价格过高，加盟者可在签立合约时，事先要求特许企业供货的价格不得高于市场行情，或是限定高出市场行情的范围，以避免争议的发生。

（3）特许企业提供的设备价格。特许企业一般会有特定设备提供，但设备价格有可能高于市场价格，对此加盟者在签订合同时可约定，如果事后加盟者发现特许企业提供的设备高于市场价格，加盟者可要求特许企业返还多余款额，如若不还须进行相应赔偿。

3.消费者权益保护和赔偿责任的承担

（1）特许企业过错。若是因为特许企业提供的货物或者设备对消费者权益造成伤害，则特许企业需要承担连带责任，还应对加盟者的损害予以赔偿。

（2）加盟者过错。若是由于加盟者自己在经营过程中的失误造成对消费者权益的侵权，其所引起的赔偿责任由加盟者自己承担。

4.关于合同转让和终止问题

（1）合同的转让。因为特许加盟合同一般时间都比较长，加盟者在经营过程中有可能发生经济问题导致无法继续加盟。对于这种情况，加盟者可以与特许企业协商允许合同进行转让，但转让必须经过特许企业的同意，而转让后的承买者资格由特许企业进行认定，同时加盟者须向特许企业支付一定转让费。

（2）合同的终止。当合同期满或者因其他原因合同终止后，特许企业会通过检查加盟者有无违法合约或者是否积欠货款等情况来按比例返回甚至是扣除保证金。关于这一点，加盟者一定要看清楚是如何规定的，觉得不妥善的地方需要协商改正。另外特许企业可能会要求拆下招牌，此时可根据招牌的所有者来确定具体的解决办法。

5.关于纠纷和违约责任问题

（1）纠纷解决问题。关于诉讼管辖问题，在签订合同时，最好将法院管辖地约定在加盟商所在地、合同签署地。

（2）违约责任问题。一般在违约责任问题上，通常只会列出针对加盟者的部分，对特许企业违反合同部分则较少。因此加盟者在签订合同时应当提出相应要求，对于特许企业所许诺的具体内容，都应在合同中明确约定，并约定特许企业违反合同时应当承担的责任。同时还可写明具体的违约金金额，避免在以后诉讼中获得的赔偿却远未满足自己所遭受的损失。

> **小提示：**
>
> 在合同签订后，加盟者一定要确保自己保留一份，这样才能清楚合约内容，保护自身利益。

6.其他应注意事项

（1）竞业禁止的条款。竞业禁止是特许企业为保护经营技术及智慧财产不因加盟而外流，要求加盟者在合约存续期间，或结束后一定时期内，不得从事与原加盟店相同行业的规定。此规范旨在保护特许企业的知识产权。但禁止时间太长会影响加盟者日后的工作权益,所以加盟者在签约时要注意时限的长短。

(2)概括条款。加盟合同的条款中通常都会有这样一条:"本合约未尽事宜,悉依总部管理规章办理"。由于管理规章是由特许企业制定,有可能随时修改,加盟者若不清楚其权益就可能受到损害。因此加盟者在签订合同之时,最好要求特许企业将管理规章以附件的形式附在合同后面。

(3)商圈保障问题。商圈保障就是特许企业为确保加盟店的营运利益,在某个商圈之内不再开设第二家分店,对此加盟商要确定其加盟商圈的范围有多大。同时加盟商在签约时,最好载明特许企业在该范围内不得再发展营业内容完全相同的第二品牌,以保障自身权益。

下面提供一份××快捷酒店特许加盟合同的范本,仅供参考。

【范本】▶▶

××快捷酒店特许加盟合同

特许人:××快捷酒店(以下简称甲方) 特许经营加盟合同编号:_____

受许人:_____(身份证号:_____)(以下简称乙方)

经乙方提出申请,就乙方自愿加盟经营××快捷酒店一事,甲乙双方本着平等互利,共谋发展的宗旨,经认真商讨,达成共识。

第一条 独立的当事者

合同当事双方为各自独立的事业者,甲方授予乙方《特许授权书》,乙方在开业前依照国家法律、法规办理好合法经营的手续。乙方实行独立核算、自主经营、自负盈亏,自行承担经营中一切法律责任和经济责任。

第二条 商标的使用承诺

××快捷酒店总部版权所有,任何人或单位不得以任何形式全部或部分复制、转载或摘编本合同所有内容,违者我司常年法律顾问将追究其法律责任。

××快捷酒店特许加盟专用本合同内容属商业秘密。

甲方承诺在本合同执行期间,甲方同意乙方在_____省_____市_____区(县)_____号_____层(面积_____平方米)开设加盟店,使用××字号、标识及招牌。对外名称为:××分店(以下简称加盟店)。

第三条 使用范围和使用方法

(1)乙方承认经营模式、商标资产属于甲方所有,为甲方连锁统一的营业象征,受法律保护。

（2）乙方仅在_____省_____市_____区（县）_____号_____层（面积_____平方米）使用××字号、标识、招牌及酒店管理系统资产。

（3）××店必须按照甲方规定的标准统一形象，统一标识，统一对外宣传，统一管理，统一配送，达到装修风格、硬件配置、服务员着装、管理体制、营销理念等方面的一致性，从而维护企业品牌的形象及声誉。

第四条 追加建店

乙方要追加建店时，必须与甲方另签追加建店的特许经营合同，向甲方支付加盟金及相关费用。

第五条 甲方对乙方的具体支持及技术援助

1.甲方对乙方的营建支持

①选址规划；②平面布置图；③设备方案；④装修方案；⑤采购方案。

2.甲方对乙方的营运支持

①可行性分析；②盈亏平衡分析；③营业业绩评估；④营运问题诊断；⑤成本控制分析；⑥营业额预估。

3.甲方对乙方的培训支持

①管理人员训练；②服务员训练评估；③业务技能提升；④前台技术培训。

4.甲方对乙方的企划支持

①开业企划方案；②开业促销方案；③节假日促销方案；④广告样张；⑤公益活动方案。

5.甲方对乙方的管理制度、手册支持

①经营管理手册；②财务手册；③工程手册；④营销手册；⑤服务手册。

6.甲方对乙方的物配支持

①低值易耗品配送；②企业文化装饰配送；③服装配送；④物品配送。

7.乙方于开业前必须派出人员参加甲方规定的培训研修，分别是：店长一名，领班或主管两名，财务经理一名，以获得经营加盟店必需的知识和技术（详见《加盟店培训须知》）。

8.甲方派出店面执行督导经理_____人，主管_____人，收银_____人。于开业前30天到达加盟店，总督导时间为××天。乙方承担支持人员往返差旅费及食宿费用。

9.加盟店有义务参加定期经营会议和临时经营会议，甲方应提前通知。

10.加盟店开业后，如总部有研修指示，乙方应按指示派遣职工参加进修提升，差旅费自理，并向甲方支付进修所需的相关费用。

11. 合同期内，加盟店同意甲方派遣的督导人员检查加盟店的经营情况。

12. 甲方新开发的酒店管理系统及会员系统资产应及时传授给加盟店使用，以达到资源共享。

第六条　加盟店开发的相关事项

1. 为维护总部形象的统一性，通过集中采购降低成本，获得利润，乙方同意从甲方物流配送中心必须购买所需的设备、家私、服装、床上用品、荣誉牌、装饰等物品。

2. 除必须在甲方购买的物品外，在不影响甲方统一形象和服务质量的前提下，乙方可在当地就近购置其他物品。

3. 确认第六条所列各项购买资金及运杂费全部由乙方自行承担。若加盟店订货，应将货款提前汇到甲方账户，否则甲方不予发货。

4. 开业后，甲方收到货款后开始组织采购，并在30个工作日内将货物送交发运。否则甲方支付违约金1万元（专属订购物资根据生产日期提前20天订货）。

5. 甲方应将发货清单及收据随车托运或在货物发运后以传真形式送达乙方。

第七条　销售价格的设定

乙方按总部推荐的商品进货，就甲方建议的销售价格销售。如甲方建议的销售价格与加盟店当地消费水平不符，甲方根据酒店形象的统一性要求和加盟店所处地区的实际情况综合考虑，向加盟店提出合理的价格建议。

第八条　加盟金与标准

品牌使用按先收费后使用的原则执行。甲方一次性收取乙方加盟金人民币_____元。加盟金一经收取，无论是合同期满或者中途解约，还是其他理由，都不予退还。

第九条　加盟权益金

为保障对乙方的后续支持和服务，乙方在合同期内应每_____个月向甲方交纳加盟权益金人民币_____元并汇入甲方指定账号。第一次交纳的时间为_____年____月____日，以此类推。

第十条　加盟保证金

1. 作为合同签订后甲方与乙方之间发生债务及乙方忠实地执行合同的担保，乙方一次性向甲方交纳保证金人民币_____元（大写：_____）。

2. 合同履行过程中，乙方若有违反本合同及双方另行签订的补充协议之行为，甲方有权从保证金中扣除相应数额充抵。乙方应在接到甲方通知七日内予以追补足额，在合同期内，始终保持保证金的数额达到本合同规定之数额。如乙方不能足额追补，乙方应承担违约责任，甲方有权终止本合同。

3. 乙方导致合同无法继续执行及不履行本合同义务时，甲方可以没收加盟店四分之三的保证金充抵，在加盟店撤除其招牌、工作物品和其他营业标识三个月后归还剩余四分之一的保证金。

4. 乙方无违反协议之行为，合同期满后，在加盟店撤除其招牌、工作物品和其他图片标识，并归还甲方为履行本合同而提供的文件资料、各类合同原件、VI光盘、荣誉铜牌等一个月后，甲方退还乙方全部保证金（不计利息）。

第十一条　物资款及营运费用

1. 乙方在甲方订购的各项物资费用必须提前支付到甲方指定的账户上，甲方方能给乙方备货、发货。

2. 甲方向乙方提供营运服务前，乙方应提前支付由此产生的差旅、工资等其他费用到甲方指定的账户上。

3. 以上费用按多退少补的原则执行。

第十二条　合同期限

1. 加盟授权经营时限为五年，从＿＿＿＿年＿＿＿月＿＿＿日起至＿＿＿＿年＿＿＿月＿＿＿日止。

2. 本合同期限届满前三个月，乙方欲继续从事××加盟经营，应提前使用挂号信、特快专递等形式书面通知甲方。书面通知以函件上邮戳时间为准。

3. 本合同期限届满前两个月，如甲方未收到乙方的书面申请，则视为乙方放弃续约的权利。

第十三条　广告宣传及促销分担金

1. 加盟店要进行宣传、促销、展示等活动，应事先向总部说明活动内容和进行方法，并把宣传样稿和方案传给总部审批。

2. 甲方要计划和实施以维护总部加盟商全体利益为目的的宣传、广告等促销活动，乙方应给予积极支持与配合。

3. 广告宣传费用按"谁受益，谁分担"的原则进行分摊，乙方于促销活动前付清广告宣传分担金。

第十四条　拖欠损失金

乙方未在规定期限内支付甲方规定的权益金、广告宣传分担金或其他债务时，应按相应数额每日0.5%的比例向甲方支付拖欠损失金，直至付清为止。

第十五条　乙方的保密义务

1. 不得向第三者泄露甲方给乙方提供的经营管理（酒管、会员）资产秘密。

2.有责任保证其职工不向第三者泄露前项秘密。

3.不得向第三者泄露本合同条款及价底。

4.乙方的保密义务在本合同期满后仍然有效。

第十六条 甲方的其他权利和义务

1.合同有效期内，甲方不得在本合同第二条规定地点直径3千米区域内将特许经营权的全部或部分授予第三方。若违约，应支付违约金_____万元。

2.如乙方要求提供装修工程预算，甲方应予以协助，其费用由乙方承担。

3.甲方对加盟店进行前期筹备督导、后续支持，往返差旅费、食宿费用由乙方承担。

第十七条 乙方的其他权利和义务

1.乙方设立加盟店的地址及名称应与甲方授予乙方的《特许授权书》中的表述一致。

2.未经甲方书面同意或事后追认，乙方不得擅自变更经营地址或经营场所规模。

3.未经甲方签发区域授权合同，乙方不具有区域代理权。乙方擅自在本合同规定地点外另行开设"××"快捷酒店即构成侵权行为，甲方将追究乙方法律责任。

4.乙方负有在本地区内打击或配合总部打击假冒"××"快捷酒店品牌及侵犯"××"快捷酒店商标专用权行为的义务。

5.双方联手打击前述违法行为时，乙方只负责甲方人员在当地的食宿费，产生的其他费用（如诉讼费等）由双方均摊。如获赔偿，甲乙双方按照4：6的比例进行分配。

6.乙方为适应当地消费者的需要，对甲方专有技术进行小幅度革新的，或需增加客房以外的经营项目，应提前书面报告甲方，经甲方同意后实施。否则乙方应支付违约金_____万元。

7.合同期内，乙方若需转让加盟店，应与第三方一同到总部变更合同。

第十八条 合同的变更和终止

1.甲方或乙方如对本合同条款提出变更，应将变更理由、变更事项以书面的形式通知对方。对方应在收到书面通知后十日内就是否同意变更作书面回复。若在规定时间内没有回复，则视为同意变更。

2.本合同因下列情形终止。

（1）合同期限届满。

（2）双方协商一致。

（3）经法院判决解除。

（4）加盟店自行停止营业30天以上而未报酒店备案记录。

（5）因遭遇不可抗力致使合同目的不能实现。

（6）加盟店如有下列行为，甲方以书面形式劝告终止或改正，其行为仍无改善时，甲方有权对乙方进行罚款处理，直至解除本合同。特许加盟经营资格同时撤消。

① 拖欠应交权益金、广告宣传分担金及其他债务。

② 不接受本合同规定的配送方案及不按甲方VI形象统一制作物品。

③ 其他违约行为或不履行本合同规定的义务。

④ 未得甲方书面同意私自出让营业权。

⑤ 向第三方泄露甲方的经营秘密，或让他人使用甲方的机密文件或电脑软件等。

⑥ 严重损害总部的形象及名誉、信誉。

第十九条　确认事项

在签订本合同前，甲方要向乙方详细说明加盟店开展经营事业成功的可能性及合同内容。乙方同意以下事实：在甲方说明中所展示的各种资料只是说明成功的可能性，并不是对加盟店经营事业绝对成功的承诺。

第二十条　合同生效

签订本合同以后，乙方应及时或按商定时间将本合同第八、九、十条的款项交付甲方酒店指定账号后，本合同生效。费用的交付均以甲方财务确认款项到账为准。

第二十一条　其他约定事项

1. 根据本合同第六条的约定，甲方按成本加运费的原则向加盟店集中配送物资，乙方必须按照甲方的《××物资必配清单》进行定购。

2. 加盟店招牌及广告宣传应有"全国加盟电话：×××××××"字样。

第二十二条　本合同未尽事宜，经双方协商一致签订补充协议，补充协议与本合同具有同等法律效力

第二十三条　本合同一式两份，甲乙双方各执一份，具有同等法律效力

甲方（签章）：_____　　　乙方（签章）：_____

代表：_____　　　　　　　代表：_____

电话：_____　　　　　　　电话：_____

传真：_____　　　　　　　传真：_____

地址：_____　　　　　　　地址：_____

邮编：_____　　　　　　　邮编：_____

日期：_____　　　　　　　日期：_____

第四节　正式加盟进程

投资者选择好了合适的加盟品牌，并签订了相应的加盟合同，接下来就进入加盟的实质阶段了，按照总部的要求进行门店装修，完成人员招聘与培训后就可以营业了。

一、门店装修

有实体店铺的特许经营项目的一个重要的特点，就是所有加盟店均要采用特许商制定的连锁店体系统一的企业视觉形象系统（VI）和门店视觉形象系统（SI），而成熟特许商的这些系统以及相关实施经验，都是由专业人员经过众多门店的实践积累完善而成的。因此在门店装修方面通常加盟创业要比独立创业轻松省事。通常加盟店的装修如何操作，特许总部都应有明确的规定，加盟商只需按照合同约定或相关规定实施即可。

二、人员招聘

与门店装修必须同步进行的准备工作是员工的招聘。再好的特许品牌和体系，加盟店也要靠投资人去经营管理，靠所有员工维持运转，因此合格的员工是一个加盟店持续经营与发展的基石。这项工作必须要在试营业前至少一个月完成，为初期的人员培训留下充足的空间。

三、初期培训

初期培训一般分为以下两个阶段。

1. 理论、实践培训阶段

这一阶段一般是经营知识和实践方面的学习，通常在特许商总部或直营店中进行，时间视不同项目而定。培训内容有以下方面。

（1）企业文化、基本情况等。

（2）各类服务知识、服务质量管理规定。

（3）各岗位的职责、操作培训。

（4）工作流程与规章制度培训。

（5）管理人员的技能培训。

（6）职业道德及素质教育培训。

2. 开业指导培训阶段

这一阶段一般是特许商派出有经验的专业人员到新开业的加盟店进行现场指导培训。经营最初几天的开业指导对加盟商是极具价值的。

四、日常经营

特许经营操作手册是特许商传授给加盟商有关运营管理各类标准、规范、技巧、流程、专有技术的一系列文本，能使加盟商的经营符合特许体系的统一性要求，避免因差异而导致失败的风险。

特许经营操作手册通常包括：营建手册、视觉识别手册、市场营销手册、营运手册、服务管理手册、人力资源管理手册、财务管理手册。

五、利用好特许商的支持

利用好特许商的支持表现在图4-8所示的三个方面。

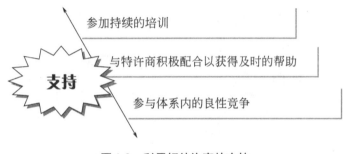

图4-8　利用好特许商的支持

1.参加持续的培训

特许经营过程中，特许商有责任也有义务对加盟商提供持续的培训支持。加盟商不要在乎可能的额外费用支出，一定要积极参加培训课程，以增强日常经营管理能力，或引入新产品、新服务，这是对加盟商最有益的支持。

2.与特许商积极配合以获得及时的帮助

尽管特许商会积极推行持续培训，以避免加盟店日常经常出现的问题，但还是会有意想不到的情况发生，影响加盟店的经营。这种情况下，如果加盟商无法自己处理，应主动向特许商请求帮助以解决问题。

加盟商也应该明白，特许商是一个企业，其提供的帮助会视问题的严重性而定，因此实事求是、积极地与特许商配合才能获得及时的帮助。

3.参与体系内的良性竞争

成熟的特许商为引导体系内加盟商的积极竞争、互相促进，共同提高经营业绩，会专门设立加盟商奖励机制，定期对全部加盟商进行系统的评比（不单纯比经营业绩），对优秀加盟商给予实际的奖励或额外宣传，费用由特许商承担。特许体系有此类政策的加盟商，应该积极面对内部竞争，争取得到特许商的奖励。

六、处理好与特许商的关系

特许商与加盟商的关系是基于利益的伙伴关系。所以与特许商发生冲突纠纷是不可避免的,而且具有阶段性、同期性的特点。

冲突纠纷具有破坏性,会分散双方的时间和精力,如果得不到妥善解决,会恶化甚至摧毁双方的关系,还可能扩散到整个特许体系,并且可能最终威胁到整个体系的健康发展。因此处理好双方的关系,及时处理出现的冲突纠纷,特别是采取协商的方式处理,是加盟商从开始加盟就必须重视的。毕竟一旦冲突到了通过诉讼途径解决的时候,其实双方都已经输了。

具体来说,加盟商在处理其与特许商之间的关系时,应注意图4-9所示的几点。

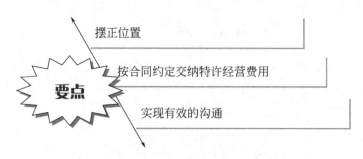

图4-9　加盟商处理与特许商关系的要点

1.摆正位置

要处理好与特许商的关系,首先要摆正各自的位置。加盟商应明白,作为整个特许体系中的一员,认真遵守特许商制定的规定,共同维系良性的运转是自己的义务,也是建立良好关系的前提。同时加盟商应当注意不可过分依赖特许商的支持和帮助。因为你的加盟店是独立的法人,加盟商不是特许商的雇员,自己的生意还是要靠自己经营。

2.按合同约定交纳特许经营费用

有些加盟商拒交特许经营权使用费,的确是总部给加盟商的服务不够引发的,如果你也遇到这样的问题,可以拿出证据,向总部说明不交的理由。

而有些加盟商不交,则是因为对交纳特许权使用费的准备不足,突然要拿出一笔费用,当然会觉得有压力。

这笔钱到底要不要交?如果该交,就要坦然地履行责任。

加盟商按时交纳特许费用是与特许商建立良好关系的基础。

3.实现有效的沟通

实现有效沟通的前提是,加盟商和特许商双方有共同的价值观、有共同的愿景,能够互相了解并理解。

实现有效沟通的基础是，加盟的项目有良好的盈利模式、加盟的品牌具有一定价值。双方签署严谨专业的特许经营合同，合同的重点内容能维护双方的核心利益，特许商能提供完善、科学、实用的运营系统手册，能提供相应的培训、支持、指导，双方均能严格履行合同中规定的义务。

（1）沟通的目的。不断深入认识加盟品牌的经营理念、文化；在双赢的基础上，规范加盟店的运营；共同提高整个品牌（特许体系）的盈利能力；改善同特许商的关系。

（2）需要沟通的内容。通常加盟商需要与特许商沟通交流的内容主要有品牌文化理念、专业技术、服务的应用、经营管理指导、市场营销的协作与创新、工作方式、流程、服务模式的创新、规范化管理（人、财、物）、信息化管理等。加盟商应尽量做到能与总部中高层人员定期地沟通交流经营情况、盈利情况、关系情况等。

（3）沟通的方式。成熟的特许商一般有多种方式（渠道）和相应的制度体系，主动保持与所有加盟商的正常沟通渠道，比如：传真、电话、短信、走访、内部刊物、网络、交流会、培训、娱乐联谊活动、参观考察等。

另外，中国是一个讲究人际关系的社会，所以加盟商需要注意人与人之间的情感联络是必不可少的。

（4）良好沟通的原则。由于每个人的性格、经历、沟通习惯与方式不同，往往在沟通上造成误解或障碍。因此加盟商与总部在沟通时应该遵循图4-10所示的原则。

图4-10　加盟商与总部沟通应遵循的原则

七、正确对待特许商的监管

对加盟店进行监管是特许商的义务，更是权利，是维护整个特许体系的经营水平的最好方法之一。加盟商应该认识有监管对加盟店的经营其实是很有利的，监管的目的与其说是发现问题并处罚，不如说是为了帮助加盟商避免问题的发生。同时这也是双方沟通的一种途径，通过交流解决问题的办法，加盟商可以在这一过程中就日常经营的各个方面提出建议和意见。特许商对加盟商的监管通常有图4-11所示的几种方式。

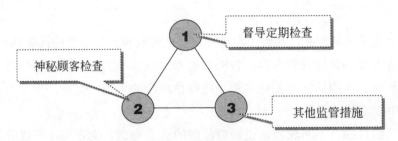

图4-11 特许商对加盟商的监管方式

1.督导定期检查

负责任的特许商一般会有督导人员定期去检查加盟店,但具体日期是不提前通知的,以防加盟商提前准备。如果特许经营合同上有相关条款,加盟商就有义务积极配合督导、检查,并提供所需要的信息,包括经营数据。规范的督导检查通常会现场在一份"项目检查表"中填写意见,并在检查结束后告知加盟商,以改进不足。

2.神秘顾客检查

神秘顾客检查是指由加盟商不认识的检查人员以顾客身份在加盟商不知情的情况下进行检查,因而这种检查是很真实的。神秘顾客检查的结果同督导检查一样被告知加盟商,以改进不足。

3.其他监管措施

以管理信息系统中的客户数据为基础,通过书面或电话调查,了解顾客对加盟商的满意程度。顾客当面提出意见往往也是特许商进行督导或神秘顾客检查的一个重要原因。

第五节 合同续约与终止

在特许经营合同即将到期的时候,加盟商应尽快主动与特许商续约(展期)是十分重要的事情。因为只有续约,才能继续使用特许商的经营资源和品牌,而这对加盟店的持续成功经营是十分重要的。

一、合同的展期与终止

特许经营制度可以长期连续不断地向社会提供质量可靠的产品和服务。这种状况的维持要求特许商有一个能促使加盟商严格履约的杠杆,而且即便出现违约现象也能使加盟商迅速纠正。这个杠杆就是特许商对加盟商行使终止合同的权利。

特许商的特许经营制度的建立是以花费大量的时间、精力、资本为代价的。为了保护其特许经营的信誉,保护特许商及其他加盟商、消费者的利益,特许商在一定情况下可以对加盟商不延展合同期限或终止合同。

同样加盟商从事特许经营业务也要有一定的投资，花费一定的时间、精力和感情。因此如果加盟商经营状况符合标准，而特许商却利用其经济实力或其他原因任意终止合同或不为加盟商延展合同期限，这种行为往往使加盟商遭到致命打击，无法实现其预期的经济目的。因此面对特许人的这种权利滥用，受许人可要求在合同条款上限制特许人的这种行为。

> **小提示：**
>
> 展期是指在合同期满时，特许商不同意与加盟商继续保持合同关系。终止合同是指在合同期间包括展期在内，特许商要求立即结束双方之间的合同关系。

二、合同终止的原因

由于一方没有履行义务，导致另一方终止合同的常见原因如下。

1. 特许商方面

（1）违反合同中关于特许经营商圈保护的约定。
（2）没有传授足够的专有技术。
（3）没有成熟的经营模式输出。
（4）不提供初期或持续的指导、支持、培训。
（5）特许经营的产品或服务质量、标准不符合法律、行政法规和国家有关规定的要求。
（6）故意耽误产品、原材料的提供，影响加盟商的经营并对加盟商强制供货。
（7）特许商隐瞒《商业特许经营管理条例》规定应披露的有关信息或提供虚假信息。

2. 加盟商方面

（1）未经特许商的许可擅自向他人转让加盟店。
（2）加盟商因无偿付能力或宣告不支付费用或破产而解体。
（3）加盟商收到扣押财产或资产冻结的法律上诉，阻止或限制其日常的经营。
（4）加盟商是法人的情况下，如加盟商死亡或丧失能力，而之前没有将经营转授给特许商认可的新的加盟商。
（5）把特许商的商业秘密转授给第三人。
（6）没有经过特许商的许可出让或不正确地使用特许体系的商标和其他标识，且拒不改正。
（7）伪造经营的财务数据，尤其是营业额。
（8）销售不被特许商认可的产品、提供不被特许商认可的服务。
（9）拒绝支付合同规定的特许经营费用。
（10）不经特许商的许可擅自改变加盟店的位置。

（11）对特许商进行不正当的竞争，这些竞争活动严重影响整个特许经营体系的声誉或形象。

三、中途解约

一般来说，如果是因为特许商方面的原因导致提前解约，则特许商应承担相应的责任。如果是加盟商的原因导致提前解约，那么加盟商可能要承担以下风险和责任。

（1）承担加盟费的损失。

（2）承担软件和硬件设备投资的损失。

（3）承担处理库存货品造成的损失。

（4）结清与特许商、供货商的财务往来关系。

（5）承担客户后续服务成本。

（6）承担特许合同中约定的相应违约责任。